# El *arte* del *contentamiento divino*

*He aprendido a contentarme
cualquiera que sea mi situación.*

# El *arte* del contentamiento *divino*

EXPOSICIÓN DE
FILIPENSES 4:11

## Thomas Watson

*El arte del contentamiento divino* – Thomas Watson
Edición actualizada de los derechos de autor © 2025
Publicado en inglés como *The Art of Divine Contentment*
Todos los derechos reservados. Ninguna parte de este libro puede ser reproducida, almacenada en un sistema de recuperación o transmitida en cualquier forma o por cualquier medio - electrónico, mecánico, de fotocopia, de grabación o de otro tipo, sin el permiso escrito del editor.
A menos que se indique lo contrario, las citas bíblicas están tomadas de La Biblia de las Américas ® (LBLA), derechos de autor © 1986, 1995, 1997 por The Lockman Foundation. Utilizado con permiso. www.Lockman.org.)
*Traducción: Roger Gonzales*
*Edición y Revisión: A. C. Nieto*

Aneko Press
www.anekopress.com
Aneko Press, Life Sentence Publishing, y nuestros logotipos son marcas comerciales de
Life Sentence Publishing, Inc.
203 E. Birch Street
P.O. Box 652
Abbotsford, WI 54405
**RELIGIÓN / Vida Cristiana / Crecimiento Espiritual**
Paperback ISBN: 978-1-62245-660-4
eBook ISBN: 978-1-62245-704-5

10 9 8 7 6 5 4 3 2 1

# Contiendo

**1.** El erudito ..................................................................... 1

**2.** La lección ..................................................................... 11

**3.** El carácter del contentamiento ................................. 19

**4.** ¿Por qué debemos estar contentos? ......................... 23

**5.** La utilidad del contentamiento ................................. 27

**6.** ¿Cómo es posible estar contento? ............................. 31

**7.** Motivaciones para el contentamiento ..................... 59

**8.** Descontento .................................................................. 81

**9.** Más motivación ............................................................ 91

**10.** Precauciones .............................................................. 101

**11.** Características del contentamiento ....................... 109

**12.** Reglas para el contentamiento ............................... 115

**13.** El consuelo del cristiano contento ........................ 135

*Thomas Watson – Breve biografía* ................................. 137

*También Por Aneko Press* ................................................ 139

## Capítulo 1

# El erudito

*No que hable porque tenga escasez, pues he aprendido a contentarme cualquiera que sea mi situación* (Filipenses 4:11).

El apóstol Pablo escribió estas palabras para anticipar y evitar una objeción. En un versículo anterior, había establecido muchas exhortaciones solemnes y celestiales, entre ellas, por *nada estéis afanosos* (Filipenses 4:6). No debemos excluir el cuidado práctico, porque el que no provee para su propia casa *ha negado la fe y es peor que un incrédulo* (1 Timoteo 5:8); tampoco debemos descuidar nuestro estado espiritual, pues Pedro dijo que debemos ser *tanto más diligentes para hacer firme vuestro llamado y elección de parte de Dios* (2 Pedro 1:10).

Pero debemos excluir todo cuidado ansioso acerca de las cuestiones y los acontecimientos de las cosas: *Por eso os digo, no os preocupéis por vuestra vida, qué comeréis o qué beberéis* (Mateo 6:25), y en este sentido, la preocupación del cristiano debería ser no estar afanoso. La palabra *afanoso* en griego proviene de la palabra que significa "cortar el corazón en pedazos". Era una preocupación que dividía el alma; presten atención a esto. David dijo: *Encomienda al Señor tu camino* (Salmo 37:5). La palabra hebrea significa "encomendar tu camino al Señor". *Depositen en Él todas sus preocupaciones, pues Él cuida de ustedes* (1 Pedro 5:7), y es obra de Dios encargarse de nuestra preocupación. Con nuestra inmoderación, le quitamos Su obra de las manos. La preocupación, cuando se desvía de su función –cuando es desconfiada o distrae–, es muy deshonrosa para Dios. Le quita Su providencia, como si estuviera sentado en el Cielo y no le importara como van las cosas aquí abajo, como quien fabrica un reloj y luego lo deja que se dé cuerda solo. El cuidado y la preocupación excesivos nos quitan el ánimo de cosas mejores y, por lo general, mientras pensamos en cómo vivir, nos olvidamos cómo morir. La preocupación es una enfermedad espiritual que consume y deprime; por nuestra preocupación y cuidado, preferimos añadir una milla a nuestro dolor que un pie a nuestra comodidad. Dios lo amenaza como una maldición: *Comerán su pan con angustia* (Ezequiel 12:19). Sería mejor ayunar que comer de ese pan. *No se preocupen por nada.*

Ahora bien, si alguien dijera: "Pablo, nos predicas algo que tú apenas has aprendido, ¿has aprendido a no preocuparte?", el apóstol pareció responder tácitamente con las palabras del texto: *He aprendido a contentarme cualquiera que sea mi situación.* Este es un discurso digno de ser grabado en nuestros corazones y escrito con letras de oro en las coronas y diademas de los príncipes.

El texto se divide en dos partes generales:

1. El erudito, Pablo: *He aprendido.*

2. La lección: *A contentarme cualquiera que sea mi situación.*

Empiezo con la primera: el erudito y su habilidad. Pablo dijo: *He aprendido.* A partir de esto, explicaré dos de mis observaciones.

*El erudito*

1. El apóstol no dice: "He oído que en cualquier situación debo estar contento", sino: *He aprendido*. Nuestra primera doctrina es: no basta con que los cristianos escuchen su deber; deben aprenderlo. Una cosa es escuchar y otra es aprender, así como una cosa es comer y otra es cocinar. El apóstol Pablo era un practicante. Los cristianos escuchan mucho, pero me temo que aprenden poco. En la parábola de la buena tierra, había cuatro tipos de terreno (Lucas 8:5-8), pero solo hay una buena tierra, que es un símbolo de esta verdad: hay muchos oyentes, pero pocos aprendices.

Hay dos cosas que nos impiden aprender:

La primera es menospreciar lo que oímos. Cristo es la perla de gran precio; si descuidamos esta perla, nunca aprenderemos ni su valor ni su virtud. El evangelio es un misterio excepcional. En un lugar, se le llama el *evangelio de la gracia De Dios* (Hechos 20:24), y en otro, el *evangelio de la gloria de Cristo* (2 Corintios 4:4) porque en él, como en un cristal transparente, resplandece la gloria de Dios. Pero quienes han aprendido a despreciar este misterio difícilmente aprenderán a obedecerlo. Aquellos que consideran las cosas del Cielo como insignificantes, o quizás como algo para impulsar un negocio o para llevar a cabo algún astuto diseño para darles mayor importancia, son los que están en el camino correcto de la condenación y quienes difícilmente aprenderán las cosas de su paz. ¿Quién aprenderá lo que considera poco valioso?

La segunda cosa que nos impide aprender es olvidar lo que oímos. Si un erudito tiene sus estudios ante sí y los olvida tan rápido como los lee, nunca aprenderá (Santiago 1:25). Aristóteles llama a la memoria la escriba del alma y Bernardo la llama el estómago del alma, porque tiene una función retentiva y convierte el alimento celestial en sangre y energía[1]. Tenemos una gran memoria para otras cosas; recordamos lo vano. Ciro podía

---

1   Bernardo (c. 1090-1153) fue abad, místico y predicador.

recordar el nombre de cada soldado de su inmenso ejército. Recordamos los insultos —esto es llenar un valioso gabinete de estiércol—, pero como dijo Jerónimo: "¡Cuán pronto olvidamos las sagradas verdades de Dios!"[2]. Somos propensos a olvidar tres cosas: nuestras faltas, nuestros amigos y nuestras instrucciones.

Muchos cristianos son como coladores: se mete un colador en el agua y se llena, pero al sacarlo del agua, se derrama todo. Mientras escuchan un sermón, recuerdan algo, pero al igual que el colador fuera del agua, en cuanto salen de la iglesia, todo se olvida. Cristo dijo: *Haced que estas palabras penetren en vuestros oídos* (Lucas 9:44). En el original dice: "Pongan estas palabras en vuestros oídos", como quien quiere esconder una joya para que no se la roben y la guarda en un cofre. Que penetren; la palabra no debe caer solo como el rocío que moja la hoja, sino también como la lluvia que empapa la raíz del árbol y lo hace dar fruto. ¡Oh, con qué frecuencia Satanás, esa ave del cielo, recoge la buena semilla sembrada!

Permítanme hacerles algunas preguntas serias. Algunos de ustedes han oído mucho; han vivido cuarenta, cincuenta, sesenta años bajo la bendita trompeta del evangelio. ¿Qué han aprendido? Puede que hayan escuchado mil sermones, pero no hayan aprendido ni uno. Examinen sus conciencias.

Han oído mucho contra el pecado; ¿son oyentes o eruditos? ¿Cuántos sermones han escuchado contra la codicia, que es la raíz de la que brotan el orgullo, la idolatría y la traición? Algunos lo llaman un pecado metropolitano, un mal complejo. Enreda muchos pecados con él. Casi no hay pecado en el que la codicia no sea un ingrediente principal, y sin embargo, ustedes son como las dos hijas de la sanguijuela que claman: ¡*Dame*! ¡*Dame*! (Proverbios 30:15).

¿Cuánto han oído hablar de la ira impulsiva? Han oído que es un frenesí breve, una borrachera seca, y que reposa en el seno

---

2  Jerónimo (c. 347–420) fue un sacerdote y teólogo conocido principalmente por su traducción de la Biblia al latín.

de los necios, pero en la ocasión más insignificante, tu espíritu empieza a encenderse. ¿Cuánto han oído hablar en contra de jurar? Es el mandato expreso de Cristo: *No juréis de ninguna manera* (Mateo 5:34). Este pecado, entre todos los demás, podría llamarse la "obra infructuosa de las tinieblas". No se endulza con placer ni se enriquece con ganancias, el color habitual con el que Satanás pinta el pecado. Jurar está expresamente prohibido. Mientras el blasfemo lanza sus juramentos como flechas voladoras contra Dios para herir Su gloria, Dios lanza un *rollo que vuela* de maldiciones contra él (Zacarías 5:1-3). ¿Acaso hacen de su lengua una raqueta con la que lanzan juramentos como pelotas de tenis? ¿Juegan con juramentos como los filisteos con Sansón, que al final derriba la casa que los rodea? ¿Cómo han aprendido lo que es el pecado, pero no han aprendido a dejarlo? ¿Acaso quienes juegan con una víbora, saben lo que es?

Han oído mucho de Cristo, pero ¿han aprendido de Cristo? Los judíos, como dijo Jerónimo, llevaban a Cristo en sus Biblias, pero no en sus corazones. *Por toda la tierra ha salido su voz* (Romanos 10:18). Los profetas y apóstoles eran como trompetas cuyo sonido se extendió por todo el mundo; sin embargo, muchos miles de los que oyeron el sonido de estas trompetas no habían aprendido de Cristo; *no todos hicieron caso* (Romanos 10:16).

Una persona puede saber mucho de Cristo, pero no aprender de Cristo: los demonios conocieron a Cristo (Marcos 1:24).

Una persona puede predicar a Cristo, pero no aprender de Cristo, como lo hicieron Judas y los pseudoapóstoles (Filipenses 1:15).

Una persona puede profesar a Cristo, pero no aprender de Él: hay muchos que profesan a Cristo en el mundo contra el cual Él profesará (Mateo 7:22-23).

¿Qué significa aprender de Cristo? *Aprender de Cristo es ser semejante a Él*, tener las características divinas de Su santidad grabadas en nuestros corazones. *Pero nosotros todos, con el rostro descubierto, contemplando como en un espejo la gloria del Señor, estamos siendo transformados en la misma imagen de gloria en gloria, como por el Señor, el Espíritu* (2 Corintios 3:18). Se produce una metamorfosis; un pecador, al contemplar la imagen de Cristo en el espejo del evangelio, es transformado en esa imagen. Toda persona que contempló a Cristo con ojos espirituales se fue completamente transformada. Un verdadero santo es un paisaje divino, donde todas las excepcionales bellezas de Cristo se representan y se dibujan vívidamente; esa persona tiene el mismo espíritu, el mismo juicio y la misma voluntad de Jesucristo.

Aprender a Cristo es creer en Él: ¡*Señor mío y Dios mío!* (Juan 20:28). No es solo creer en Dios, sino creerle a Dios, que es la aplicación real de Cristo a nosotros y, por así decirlo, la propagación de la medicina sagrada de Su sangre en nuestras almas. Han oído mucho de Cristo, pero no pueden decir con humilde devoción: "Mi Jesús". No se ofendan si les digo que el diablo puede decir su credo tan bien como ustedes.

Aprender a Cristo es vivir a Cristo. Cuando vivimos bíblicamente, nuestras vidas, como diamantes preciosos, proyectan un brillo resplandeciente en la iglesia de Dios y son, en cierto sentido, paralelas a la vida de Cristo, como la transcripción lo es al original.

Ahora abordaré el segundo concepto de esta palabra. La palabra que significa *he aprendido* implica dificultad; muestra lo difícil que fue para el apóstol alcanzar el contentamiento mental. No era algo innato. Pablo no lo adquirió de forma natural, sino que lo tuvo que aprender. Le costó muchas oraciones y lágrimas, le fue enseñado por el Espíritu.

Así que nuestra segunda doctrina es que las cosas buenas son difíciles de conseguir. El asunto de la religión no es tan fácil como la mayoría imagina. *He aprendido*, dijo Pablo. De hecho, no es necesario enseñar a una persona a pecar; esto es algo natural (Salmo 58:3) y, por lo tanto, fácil. Surge como agua de un manantial. Es fácil ser malvado –el infierno será conquistado sin tormenta–, pero los asuntos de religión deben aprenderse. Cortar la carne es fácil, pero pinchar una vena y no cortar una arteria es difícil. El oficio del pecado no necesita aprenderse, pero el arte del contentamiento divina no se logra sin un trabajo santo. *He aprendido.*

Hay dos razones de peso porque es necesario tanto estudio y entrenamiento:

La primera es porque *las cosas espirituales son contrarias a la naturaleza.* Todo en la religión es diametralmente opuesto a la naturaleza. En la religión, hay dos cosas: *credenda* y *facienda*, y ambas son contra natura. *Credenda* son asuntos de fe, como que las personas sean justificadas por la justicia de otro, volverse necios para ser sabios, salvar todo perdiéndolo todo; esto es contra natura. *Facienda* son asuntos de práctica, como la abnegación: negar la propia sabiduría y verse ciego, negar la propia voluntad y fundirla con la voluntad de Dios; arrancarse el ojo derecho, decapitar y crucificar el pecado favorito y más cercano al corazón; estar muerto al mundo y, en medio de la necesidad, abundar; tomar la cruz y seguir a Cristo, no solo por caminos de oro, sino también por caminos sangrientos; abrazar la religión cuando se viste de noche, despojándose de todas las joyas del honor y la posición. Todo esto es contra natura y, por lo tanto, debe aprenderse.

El autoexamen es tomar tu corazón, como un reloj, hecho pedazos; establecer una inquisición espiritual, o tribunal de conciencia, y examinar las cosas en tu propia alma; tomar la lámpara y la linterna de David (Salmos 119:105) y buscar el pecado como juez, para dictar sentencia sobre ti mismo (2 Samuel 24:17). Esto es contra natura y no se logrará fácilmente sin aprendizaje. La autorreforma – ver a alguien como Caleb u otro espíritu caminando en contra de sí mismo, con la corriente de su vida alterada y desembocando en el cauce de la religión– es totalmente contra natura. Cuando una piedra asciende, no es un movimiento natural, sino violento. El movimiento del alma hacia el Cielo es un movimiento violento; necesita aprenderse. La carne y la sangre no tienen habilidad en estas cosas. La naturaleza no puede expulsar a la naturaleza, como Satanás no puede expulsar a Satanás.

La segunda razón por la que se requiere tanto estudio y práctica es porque las *cosas espirituales están por encima de la naturaleza*. Hay cosas en la naturaleza que son difíciles de descubrir, como la causa de las cosas, que no se aprenden sin estudio. El gran filósofo Aristóteles, a quien algunos han llamado un águila caída de las nubes, no pudo descubrir el movimiento del río Euripo, así que se sumergió en él. ¿Qué son entonces las cosas divinas, como la Trinidad, la unión hipostática y el misterio de la fe, para creer contra toda esperanza, que se encuentran en un ámbito superior a la naturaleza y más allá de todo estudio humano?[3] Solo el Espíritu de Dios puede iluminar nuestra mente. El apóstol las llama las *profundidades de Dios* (1 Corintios 2:10). El evangelio está lleno de joyas, pero están ocultas al sentido y la razón. Los ángeles en el Cielo están escudriñando estas profundidades sagradas (1 Pedro 1:12).

Roguemos al Espíritu de Dios que nos enseñe; debemos ser divinamente enseñados. El eunuco sabía leer, pero no podía entender hasta que Felipe se unió a su carro (Hechos 8:29). El Espíritu de Dios debe unirse a nuestro carro; Él debe enseñarnos o no podremos aprender. *Todos tus hijos serán enseñados por el SEÑOR* (Isaías 54:13). Un hombre puede leer el número en el reloj de sol, pero no puede saber cuánto del día ha pasado a menos que el sol brille sobre el reloj; podemos releer la Biblia, pero no podemos comprender su propósito hasta que el Espíritu de Dios brille en nuestros corazones (2 Corintios 4:6). ¡Oh,

---

3   La unión hipostática se refiere a la unión en Cristo de la humanidad y la deidad.

invoca a este bendito Espíritu! Es prerrogativa real de Dios enseñar: *Yo soy el Señor tu Dios, que te enseña para tu beneficio* (Isaías 48:17). Los ministros pueden darnos la lección, pero solo Dios puede enseñarnos. Hemos perdido el oído y la vista; por lo tanto, somos muy incapaces de aprender.

Desde que Eva escuchó a la serpiente, hemos estado sordos, y desde que ella miró el árbol del conocimiento del bien y del mal, hemos estado ciegos; pero cuando Dios viene a enseñar, Él quita estos impedimentos (Isaías 35:5). Estamos muertos por naturaleza (Efesios 2:1), ¿quién se molestará en enseñar a un muerto? Pero Dios asume la responsabilidad de hacer que los muertos entiendan los misterios. Dios es el gran maestro.

Esta es la razón por la que la Palabra predicada obra de manera tan diferente en las personas: dos en una banca, uno recibe una enseñanza eficaz, el otro yace en las ordenanzas como un niño muerto en el pecho y no recibe alimento. ¿Cuál es la razón? Porque el viento celestial del Espíritu sopla sobre uno y no sobre el otro; uno tiene la unción de Dios, que le enseña todas las cosas (1 Juan 2:27). El otro no la tiene. El Espíritu de Dios habla dulcemente, pero irresistiblemente. En esa doxología celestial, solo quienes estaban sellados en la frente podían cantar el cántico nuevo (Apocalipsis 14:1), mientras que los réprobos no lo podían cantar. Quienes son hábiles en los misterios de la salvación deben tener el sello del Espíritu sobre ellos. Hagamos de esta nuestra oración: "Señor, infunde Tu Espíritu en Tu Palabra". Tenemos una promesa que puede dar alas a la oración: *Pues si vosotros siendo malos, sabéis dar buenas dádivas a vuestros hijos, ¿cuánto más vuestro Padre celestial dará el Espíritu Santo a los que se lo pidan?* (Lucas 11:13).

Y con esto concluye mi breve explicación de la primera parte del texto.

Capítulo 2

# La lección

Llego ahora a la segunda parte del texto, que es la principal y la lección en sí: *contentarme cualquiera que sea mi situación*. Aquí había, sin duda, una muestra excepcional de aprendizaje. Que él supiera adaptarse a toda condición es algo que en Pablo debe asombrarnos aún más que todo el saber del mundo, el cual había sido tan aplaudido en épocas anteriores por Julio César, Ptolomeo, Jenofonte y otros grandes admiradores de la erudición. El texto contiene solo unas pocas palabras: *contentarme... cualquiera que sea mi situación*, pero si lo que dijo Fulgencio es cierto[4], que la frase más dorada se mide por su brevedad y suavidad, entonces este es un discurso sumamente logrado. El texto es como una joya preciosa: pequeña en cantidad, pero grande en valor.

La proposición principal en la que insistiré es esta: *un espíritu lleno de gracia es un espíritu contento*. La doctrina del contentamiento es suprema y hasta que no la aprendamos, no habremos aprendido a ser cristianos.

Es una lección difícil. Los ángeles en el Cielo no la habían aprendido; no estaban contentos. Aunque su estado era muy

---
4   Fulgencio (c. 467-533) fue un obispo y escritor teológico africano.

glorioso, aún se elevaban en lo alto y aspiraban a algo más elevado: los ángeles que no guardaron su primer estado: *Y a los ángeles que no conservaron su señorío original* (Judas 6). No guardaron su estado porque no estaban contentos con él. Nuestros primeros padres, vestidos con el manto blanco de la inocencia en el Paraíso, no habían aprendido a estar contentos. Tenían corazones ambiciosos y considerando su naturaleza humana demasiado baja y sencilla, querían ser coronados con la Deidad y *ser como dioses* (Génesis 3:5). Aunque podían elegir entre todos los árboles del jardín, ninguno los contentaría excepto el árbol del conocimiento del bien y del mal, que suponían habría sido como colirio para hacerlos omniscientes. Oh, si esta lección fue tan difícil de aprender en la inocencia, ¿cuán difícil será para nosotros, que estamos impedidos por la corrupción, encontrarla? Es de alcance universal. Esta doctrina concierne a todos. Concierne a los ricos. Uno pensaría que no es necesario presionar a quienes Dios ha bendecido con grandes propiedades para que se sientan satisfechos, y en cambio, es necesario persuadirlos a ser humildes y agradecidos. Pero yo digo: estén contentos. ¡Los ricos tienen su descontento, al igual que otros! Cuando poseen grandes propiedades, están descontentos por no tener más. Quieren convertir los cien talentos en mil. En cuanto a un alcohólico, cuanto más bebe, más sed tiene; la codicia es una sed seca. Un corazón terrenal es como un sepulcro *que jamás se sacia* (Proverbios 30:16), por lo tanto, les digo a ustedes, los ricos: estén contentos.

Puede que haya algunos ricos contentos con sus propiedades, pero los pocos que tienen suficientes bienes y riquezas no tienen suficiente honor; si sus graneros están lo suficientemente llenos, sus torres no son lo suficientemente altas. Desean ser alguien en el mundo, como Teudas, quien *se levantó pretendiendo ser alguien* (Hechos 5:36). Se alegran al máximo cuando el viento de honor y aplausos los impulsa; si este viento amaina, están descontentos. Uno pensaría que Amán ya tenía todo lo que su orgulloso corazón podía desear. Fue colocado por encima de todos los príncipes, en la cima del honor, y ascendió a ser el segundo hombre en el reino (Ester 3:1). Sin embargo, en medio de toda su pompa, porque Mardoqueo no se quitaba el sombrero ni se arrodillaba, estaba descontento y lleno de ira, y no había manera de apaciguar esta pleuresía de venganza excepto desangrando a todos los judíos y ofreciéndolos en sacrificio. La comezón del honor rara vez es aliviada sin sangre; por eso, les digo a ustedes, los ricos, que estén contentos.

Si bien algunos ricos podrían estar contentos con su honor y sus magníficos títulos, a menudo no lo están con sus familias. La que yace en el seno de su familia puede a veces echar leña al fuego, como la esposa de Job, quien, disgustada, quería que él se peleara con Dios mismo: *Maldice a Dios y muérete* (Job 2:9). A veces los hijos causan descontento. ¿Con cuánta frecuencia vemos que la leche materna nutre a una víbora y que quien una vez chupó su pecho se dispone a chupar su sangre? Los padres a menudo recogen espinos de uvas y cardos de higos. Los niños son como la rosa: una flor fragante, pero con espinas. Nuestras comodidades familiares no son solo todas vino puro, sino mezclas; contienen más sedimentos que licores y son como ese río del que habla Plutarco, donde las aguas por la mañana son dulces, pero por la tarde amargas. No tenemos ninguna carta de exención concedida en esta vida, por lo tanto, los ricos necesitan ser llamados a estar contentos.

La doctrina del contentamiento también concierne a los pobres. Ustedes que beben tan abundantemente del pecho de la providencia, estén contentos. Es una lección difícil; por lo tanto, debe abordarse cuanto antes. Qué difícil es estar contento cuando se acaba el sustento, cuando una gran fortuna se ha evaporado casi por completo. Los medios de subsistencia son llamados nuestra vida en la Escritura, porque son la mismísima fuerza de la vida. La mujer del Evangelio de Lucas *había gastado en médicos todo cuanto tenía* (Lucas 8:43). En griego, ella pasó *toda su vida* en los médicos porque gastó los recursos con los que vivía. Cuando la pobreza nos ha cercenado las alas, es difícil estar contento, pero, aunque es difícil, es excelente. El apóstol había aprendido a estar contento en cualquier situación.

Dios había puesto a Pablo en una variedad de circunstancias como nunca antes hemos leído de ningún hombre, y aun así, estaba contento; de lo contrario, nunca habría podido afrontarlas con tanta alegría. Observen todas las dificultades en las que se vio sumido este bendito apóstol: *Afligidos en todo* (había la tristeza de su condición), *pero no agobiados* (tenía contentamiento en esa condición); *perplejos* (ahí está su aflicción), *pero no desesperados* (ahí está su contentamiento) (2 Corintios 4:8). Y, si leemos un poco más: *en aflicciones, en privaciones, en angustias, 5 en azotes, en cárceles, en tumulto*, allí está su tribulación (2 Corintios 6:4-5), y vemos su contentamiento: *como no teniendo nada, aunque poseyéndolo todo* (2 Corintios 6:10).

Cuando el apóstol fue expulsado de todo, en cuanto a esa dulce satisfacción mental que era como música en su alma, lo poseyó todo. Un breve cuadro o historia de sus sufrimientos nos dice que estuvo en *cárceles, en azotes un sinnúmero de veces, a menudo en peligros de muerte*. (2 Corintios 11:23-25), pero observen la bendita forma y temperamento de su espíritu: *He aprendido a contentarme cualquiera que sea mi situación.* Sea cual fuere la dirección de la providencia, poseía tal habilidad y destreza celestiales que sabía cómo dirigir su rumbo. En cuanto a su estado exterior, era indiferente; podía estar en la cima de la escalera de Jacob o en la base. Podía cantar tanto el canto fúnebre como el himno; podía ser cualquier cosa que Dios quisiera que fuera. *Sé vivir en pobreza, y sé vivir en prosperidad* (Filipenses 4:12).

Aquí hay un patrón poco común que podemos imitar.

## La lección

Pablo, en cuanto a su fe y valentía, era como un cedro; no se le podía mover. Pero en cuanto a su condición externa, era como una caña que se doblaba en todas direcciones con el viento de la providencia. Cuando un viento próspero soplaba sobre él, podía doblarse con él. Sabía cómo estar saciado. Y cuando soplaba una ráfaga de aflicción, podía doblarse con humildad con eso: "Sé tener hambre" (Filipenses 4:12). Pablo era, como diría Aristóteles, como un dado de cuatro lados. Tíralo como quieras, cae sobre su base. Que Dios lance al apóstol Pablo como Él quiera, y caerá en contentamiento.

Un espíritu contento es como un reloj: aunque lo lleves contigo de arriba abajo, su resorte no se tambalea ni sus ruedas se descomponen. El reloj mantiene su movimiento perfecto. Así fue con Pablo. Aunque Dios lo llevó a diversas circunstancias, no se enalteció con una ni se abatió con otra; el resorte de su corazón no se rompió, las ruedas de sus afectos no se desordenaron. Mantuvieron su movimiento constante hacia el Cielo, aún contentos. El barco anclado puede a veces tambalearse un poco, pero nunca se hunde. La carne y la sangre pueden tener sus miedos e inquietudes, pero la gracia los controla. Habiendo echado anclas en el Cielo, un cristiano nunca se dejará desanimar. Un espíritu lleno de gracia es un espíritu contento.

Este es un arte excepcional. Pablo no lo aprendió a los pies de Gamaliel. Él dijo: "He aprendido (Filipenses 4:12). He sido iniciado en este santo misterio". Es como si hubiera dicho: "He adquirido el arte divino, tengo la habilidad para ello". Dios debe hacernos auténticos artistas. Si te ponemos a trabajar en un arte en el que no eres experto, ¿cuán inepto serías para ello? Si pusiéramos a un agricultor a pintar cuadros o a dibujar, ¿qué obra tan extraña haría? Esto está fuera de su esfera. ¿Tomarías a un artista preciso en la colocación de colores y lo pondrías a arar o plantar o injertar árboles? Este no es su arte; no es experto en ello. Dile a un hombre natural que viva por fe y que cuando todo le salga mal, se contente. Le dijiste que hiciera lo que no sabe hacer. Es como decirle a un niño que guíe la popa de un barco. Vivir contento con Dios en la escasez de comodidades externas es un arte que la carne y la sangre no han aprendido. Incluso muchos hijos de Dios que sobresalen en algunas disciplinas espirituales, cuando llegan a este estado de contentamiento, ¡cómo se equivocan! Apenas han comenzado a dominar este arte.

Para ilustrar esta doctrina, propondré y responderé algunas preguntas.

¿Puede un *cristiano estar consciente y sensible a su condición y estar contento?*

Sí. Si no, es un estoico, no un santo. Raquel hizo bien en llorar por sus hijos. Era natural, pero su culpa fue que *se rehusó a ser consolada* (Jeremías 31:15) y eso era descontento. Cristo mismo lo sabía cuando sudó grandes gotas de sangre y dijo: *Padre mío, si es posible, que pase de mí esta copa*. Sin embargo, estaba contento y con dulzura sometió Su voluntad a la del Padre: *pero no sea como yo quiero, sino como tú quieras* (Mateo 26:39). El apóstol nos dice *humillaos, pues, bajo la poderosa mano de Dios* (1 Pedro 5:6), lo cual no podemos hacer a menos que seamos sensibles a ella.

¿Puede un *cristiano exponer sus quejas a Dios y aun así estar contento?*

Sí. Jeremías escribió: *pues a ti he encomendado mi causa* (Jeremías 20:12) y David derramó su queja ante el Señor (Salmo 142:2). Podemos clamar a Dios y desear que registre todas nuestras ofensas; ¿no debería un hijo clamar a su padre? Cuando una carga agobia el espíritu, la oración alivia y tranquiliza el corazón. El espíritu de Ana estaba agobiado: *Soy una mujer angustiada* (1 Samuel 1:15). Después de orar y llorar, se fue y ya no estaba triste (1 Samuel 1:18). Aquí está la diferencia entre una queja santa y una queja descontenta: en una nos quejamos a Dios, en la otra nos quejamos de Dios.

¿Qué excluye propiamente el contentamiento? Hay tres cosas que el contentamiento elimina de su ámbito y con las que no puede, de ninguna manera, coexistir.

1. Excluye la queja airada; esta es hija del descontento. *Conmovido estoy en mi queja* (Salmo 55:2). David no dice: "Murmullo en mi queja". Murmurar no es mejor que un motín en el corazón; es rebelarse contra Dios. Cuando el mar está agitado y embravecido, solo expulsa espuma; cuando el corazón está descontento, expulsa la espuma de la ira, la impaciencia y, a veces, poco más que la blasfemia. Murmurar no es más que la escoria que emana de un corazón descontento.

2. Excluye una desorientación desigual, como cuando alguien dice estar tan angustiado que no sabe cómo evolucionar ni salir, que está devastado; cuando su cabeza y su corazón están tan preocupados que no es apto para orar ni meditar, que no es él mismo. Así como cuando un ejército es derrotado, un hombre corre de un lado a otro y todo el ejército se desorganiza, así también cuando nuestros pensamientos van y vienen distraídos, el descontento disloca y desarticula el alma. Arranca las ruedas.

3. Excluye el desaliento infantil, que suele ser consecuencia del otro. Si tenemos una mente inquieta y no sabemos qué hacer para salir de nuestro problema actual, empezamos a desfallecer y a hundirnos. Porque la preocupación y el afán son para la mente como una carga para la espalda; agobian el espíritu y, al sobrecargarlo, lo hunden. Un espíritu abatido es un espíritu descontento.

Tras formular y responder estas preguntas, a continuación describiré este contentamiento.

*Capítulo 3*

# El carácter del contentamiento

El contentamiento es una disposición de ánimo dulce mediante la cual el cristiano se mantiene en equilibrio en cualquier situación. La naturaleza de esto se aclarará en estas tres afirmaciones:

El contentamiento es *algo divino*. Se hace nuestro no por adquisición, sino por infusión. Es un esqueje tomado del Árbol de la Vida y plantado por el Espíritu de Dios en el alma; es un fruto que no crece en el jardín de la filosofía, sino que proviene de un nacimiento celestial. Por lo tanto, es bastante evidente que el contentamiento se una y equipe a la piedad. *Pero la piedad, en efecto, es un medio de gran ganancia cuando va acompañada de contentamiento* (1 Timoteo 6:6). Al contentamiento que es consecuencia de la piedad o un acompañamiento de ella o ambos lo llamo divino para distinguirlo del contentamiento al que puede llegar un hombre moral.

Los no creyentes pueden parecer haber tenido este contentamiento, pero era solo la sombra y la imagen de él: un cuarzo, no el verdadero diamante. El suyo era civil, este es sagrado; el suyo provenía solo de principios de razón, este es de religión. El suyo solo se iluminaba con la antorcha de la naturaleza, este con la lámpara de las Escrituras. La razón puede enseñar una forma básica de contentamiento así: "Cualquiera que sea mi condición, para esto nací, y si me encuentro con cruces y luchas, es simplemente una miseria universal. Todos la comparten, así que ¿por qué debería preocuparme?". La razón puede sugerir esto, y de hecho, puede ser una restricción; pero vivir seguro y alegremente en Dios cuando nuestros bienes terrenales se han reducido, solo la religión puede traer esto al tesoro del alma.

El contentamiento es algo *intrínseco*. Reside en la persona, no en la corteza, sino en la raíz. El contentamiento tiene su fuente y su arroyo en el alma. El rayo no recibe su luz del aire; los rayos de consuelo que una persona contenta tiene no surgen de las comodidades externas, sino de su interior. Así como la tristeza reside en el espíritu –*El corazón conoce su propia amargura* (Proverbios 14:10) –, el contentamiento reside en el alma y no depende de lo externo. De esto entiendo que los problemas externos no pueden obstaculizar este bendito contentamiento; es algo espiritual y surge de bases espirituales: la comprensión del amor de Dios. Cuando afuera hay tormenta, puede haber música en el interior. Una abeja puede picar a través de la piel, pero no puede llegar al corazón; las aflicciones externas no pueden herir el corazón de un cristiano, donde reside el contentamiento. Los ladrones pueden saquear nuestro dinero y nuestros bienes, pero no esta perla de satisfacción a menos que estemos dispuestos a desprendernos de ella, pues está encerrada en el armario del corazón. El alma que posee este rico tesoro de contentamiento es como Noé en el arca, capaz de cantar en medio de un diluvio.

El contentamiento *es algo habitual*. Brilla con una luz fija en el firmamento del alma. El contentamiento no aparece solo de vez en cuando, como algunas estrellas que rara vez se ven; es un temperamento estable del corazón. Una sola acción no te identifica. A quien da limosna una vez en su vida no se le llama liberal; una persona avariciosa puede hacerlo. Pero quien se conoce como liberal, *practicando la hospitalidad* (Romanos 12:13), es aquel que en toda ocasión está dispuesto a socorrer las necesidades de los pobres. De la misma manera, se dice que es un hombre contento el que se entrega al contentamiento. No es casual, sino constante.

Aristóteles, en su libro *Retórica*, distingue entre los colores del rostro que surgen de la pasión y los que surgen de la tez; el rostro pálido puede verse rojo al sonrojarse, pero esto es solo una pasión. Él dijo correctamente que una no es una persona contenta quien lo es solo ocasionalmente y tal vez cuando es agradada, sino quien lo es constantemente. Es su naturaleza y la tez de su alma.

*Capítulo 4*

# ¿Por qué debemos estar contentos?

Habiendo explicado la naturaleza del contentamiento, ahora quiero darles algunas razones que pueden convencerlos de estar contentos.

*La primera es que es un precepto de Dios.* Se nos ha ordenado como un deber: *...contentos con lo que tenéis* (Hebreos 13:5). El mismo Dios que nos ha ordenado creer nos ha ordenado estar contentos. Si no obedecemos, incurrimos en la ofensa espiritual de desafiar la autoridad de Dios. La Palabra de Dios es una garantía suficiente; tiene autoridad en sí misma y debe ser una orden sagrada para suspender el descontento. *Ipse dixit* era suficiente entre los eruditos de Pitágoras[5]; "hágase" es el estilo real. La Palabra de Dios debe ser la estrella que guía y Su voluntad el peso que impulsa nuestra obediencia. Su voluntad es ley y tiene suficiente majestad para cautivarnos a la obediencia. Nuestros corazones no deben estar más agitados que el mar embravecido, el cual ante Su Palabra se calma.

*El segundo argumento para el contentamiento es la promesa de Dios.* Él ha dicho: *Nunca te dejaré ni te desampararé* (Hebreos 13:5). Aquí Dios se ha comprometido, bajo Su

---

5   *Ipse dixit* es una frase latina que significa "Él mismo lo dijo". Pitágoras fue un antiguo filósofo griego.

propio sello, a proveernos de lo necesario. Si un rey le dijera a uno de sus súbditos: "Yo cuidaré de ti. Mientras tenga ingresos de la corona, tendrás lo necesario. Si estás en peligro, te protegeré; si tienes necesidad, te proveeré", ¿no estaría ese súbdito contento? Miren, Dios ha hecho una promesa al creyente y, por así decirlo, se ha comprometido a garantizar su seguridad: *Deja a tus huérfanos, yo los conservaré con vida* (Jeremías 49:11). ¿No apaciguará esto al diablo del descontento?

Imaginen a un hombre piadoso en su lecho de muerte, muy inquieto, y escúchenlo preguntarse con dolor qué será de su esposa e hijos cuando él muera. "Puede que empobrezcan", dice Dios, "pero no te preocupes. Conténtate; Yo cuidaré de tus hijos. Deja que tu viuda confíe en Mí". Dios nos ha hecho una promesa. No nos abandonará y la ha extendido a nuestra esposa e hijos; ¿no nos satisfará esto? La verdadera fe aceptará la palabra de Dios sin pedir testigos.

*La tercera razón para estar contentos es que nuestra condición es en virtud de un decreto.* Sea cual sea nuestra condición, Dios, el árbitro del mundo, la ha decretado desde la eternidad para nosotros y, por Su providencia, ha ordenado todo lo que conlleva. Un cristiano debería preguntarse a menudo quién lo ha colocado donde está, ya sea en una posición alta o baja. No es casualidad ni fortuna, como imaginaban los paganos ciegos; no, es el Dios sabio quien, por Su providencia, me ha puesto donde estoy.

Debemos representar la escena en la que Dios nos ha puesto. No digan que alguien más me ha hecho esto; no se fijen demasiado en la rueda subyacente, las causas secundarias. Leemos en Ezequiel sobre una *rueda dentro de otra rueda* (Ezequiel 1:16). El decreto de Dios es la causa del giro de las ruedas y Su providencia es la rueda interna que mueve todo lo demás. La providencia de Dios es el timón que gira toda la nave del universo. Di, entonces, como el santo David le dijo al Señor: *Mudo me he quedado, no abro la boca, porque tú eres el que ha obrado* (Salmo 39:9). La providencia de Dios, que no es otra cosa que el cumplimiento de Su decreto, debería ser un contrapeso contra el descontento; Dios nos ha puesto en nuestra posición y lo ha hecho con sabiduría.

Suponemos que cierta condición de vida nos conviene, pero si fuéramos nuestros propios talladores, a menudo cortaríamos la peor pieza. Lot, al ser instruido para elegir, escogió Sodoma, que poco después fue quemada en el fuego (Génesis 13:19). Raquel anhelaba tener hijos: *Dame hijos, o si no, me muero* (Génesis 30:1), pero dar a luz le costó la vida a Raquel (Génesis 30; 35). Abraham anhelaba a Ismael: *¡Ojalá que Ismael viva delante de ti!* (Génesis 17:18), pero tuvo poco consuelo ni de él ni de sus descendientes; nació hijo de contienda, *su mano estaba contra todos, y la mano de todos contra él* (Génesis 16:12). Los discípulos lloraron porque Cristo dijo que dejaba el mundo; eligieron Su presencia corporal. Pero era mejor para ellos que Cristo se fuera, de lo contrario, el Consolador no vendría: *porque si no me voy, el Consolador no vendrá a vosotros* (Juan 16:7).

David eligió la vida de su hijo; lloró y ayunó por esa vida (2 Samuel 12:16), pero si el hijo hubiera vivido, habría sido un monumento perpetuo de su vergüenza. A menudo nos encontramos bajo nuestra propia luz; si fuéramos responsables de decidir y distribuir nuestras propias comodidades, a menudo nos equivocaríamos. ¿No es bueno para la hija que sus padres elijan por ella? Si la dejaran sola, tal vez elegiría un cuchillo para cortarse el dedo. Un hombre convulsionado puede pedir vino, que si lo tuviera, sería poco mejor que veneno; es mejor que el paciente haga lo que su médico le ha indicado.

Comprender que el decreto de Dios determina y Su providencia dispone todo lo que sucede debería llevar nuestros corazones a un santo contentamiento. El Dios sabio ha ordenado nuestra condición. Si Él ve que es mejor para nosotros abundar, abundaremos; si Él ve que es mejor para nosotros estar necesitados, estaremos necesitados. Conténtense con estar a disposición de Dios. Dios ve, en Su infinita sabiduría, que la misma condición no es conveniente para todos; lo que es bueno para uno puede ser malo para otro. Una estación del tiempo no satisface las necesidades de todos. Uno necesita sol, otro lluvia; una condición de vida no le queda bien a todo el mundo, como tampoco le queda bien un traje a todo el mundo. La prosperidad no es para todos, ni tampoco la adversidad. Si una persona se siente abatida, quizás pueda soportarlo mejor. Tiene mayor gracia, más fe y paciencia; puede *recoger uvas de los espinos* (Mateo 7:16) y encontrar consuelo en la cruz. No todos pueden hacer esto.

Otra persona puede ocupar un lugar eminente de dignidad; puede ser más adecuada para ello. Quizás sea un puesto que requiera más juicio del que algunos son capaces de tener. Quizás pueda usar mejor sus bienes porque tiene un corazón público, así como una posición pública en la vida. El Dios sabio ve que una condición es mala para uno, pero es buena para otro, por lo que coloca a las personas en diferentes posiciones y círculos: algunos más altos, otros más bajos. Una persona desea la salud, pero Dios ve que la enfermedad es mejor para ella. Dios obrará salud de la enfermedad al debilitar el cuerpo de muerte (Romanos 7:24). Otra persona desea la libertad, pero Dios ve que la restricción es mejor para ella; Él obrará su libertad mediante la restricción. Cuando sus pies estén atados, su corazón se ensanchará. Si creyéramos esto, frenaría las disputas y objeciones pecaminosas de nuestros corazones. ¿Debería estar descontento con lo que se promulga por decreto y se ordena por providencia? ¿Serás hijo de Dios o un rebelde?

*Capítulo 5*

# La utilidad del contentamiento

El contentamiento cristiano tiene muchas ventajas sobre el descontento. Una ventaja del contentamiento es que muestra cómo un cristiano puede llevar una vida cómoda, incluso un paraíso terrenal, sin importar la época. La comodidad de la vida no reside en tener mucho. Cristo dijo: *...aun cuando alguien tenga abundancia, su vida no consiste en sus bienes* (Lucas 12:15), sino en estar contento. ¿No se siente la abeja tan contenta alimentándose del rocío o chupando una flor como el buey que pasta en los montes? El contentamiento reside en el corazón de cada persona y la manera de estar cómodo no es tener nuestros graneros llenos, sino tener la mente en calma. El hombre contento, dijo Séneca, es el hombre feliz[6].

El descontento es un estado de ánimo inquieto y agitado que agota la mente, debilita el espíritu y corroe y consume la comodidad de la vida; el descontento hace que las personas no disfruten de lo que tienen. Una o dos gotas de vinagre pueden agriar una copa entera de vino. Incluso si una persona tiene en abundancia todas las comodidades de este mundo, una o dos gotas de descontento lo amargarán y lo envenenarán todo.

---
6   Séneca (4 a. C.-65 d. C.) fue un estadista y filósofo estoico de la antigua Roma.

La comodidad depende del contentamiento. Jacob quedó cojo cuando el tendón del muslo se encogió; así, cuando el tendón del contentamiento comienza a encogerse, empezamos a cojear en nuestras comodidades. El contentamiento es tan necesario para mantener una vida cómoda como el aceite para mantener la lámpara encendida. Las nubes de descontento a menudo dejan caer lluvias de lágrimas.

¿Deseamos consuelo en nuestras vidas? Podemos tenerlo si queremos. Un cristiano puede forjar su propia condición. ¿Por qué te quejas de tus problemas? No son los problemas los que causan problemas, sino el descontento; no es el agua que sale del barco, sino el agua que se filtra en su interior la que lo ahoga. No es la aflicción externa la que puede entristecer la vida de un cristiano; una mente contenta navegaría por encima de estas aguas. Pero cuando se abre una fuga de descontento y la angustia entra en el corazón, entonces se trastorna y se hunde. Hagan lo que hacen los marineros: saquen el agua y detengan la fuga espiritual en el alma. Entonces ningún problema podrá hacerles daño.

Otra ventaja es que es una reprimenda para los cristianos descontentos, aquellos que no están contentos con su condición actual. Esta enfermedad es casi epidémica. Algunos, no contentos con el llamado que Dios les ha dado, creen que deben estar un peldaño más arriba. Quieren pasar del arado al trono. Son como el lagarto de Proverbios que *se puede agarrar con las manos y está en los palacios de los reyes* (Proverbios 30:28). Otros desean pasar del taller al púlpito; quieren estar en el templo del honor antes que en el templo de la virtud, quienes se suben a la silla de Moisés sin las campanillas ni granadas de Aarón (Números 12), como simios que muestran su deformidad al máximo cuando trepan.

¿No basta con que Dios haya dado dones a las personas en privado para edificarlas, que las haya enriquecido con muchas misericordias? *¿Y pretendéis también el sacerdocio?* (Números 16:10). Esto es solo descontento que surge de un orgullo inflado. Estas personas condenan en secreto la sabiduría de Dios porque Él no les ha elevado su posición a un grado más alto. Todos se quejan de que su posición no es mejor, pero rara vez se quejan de que su corazón no es mejor. Un hombre recomienda este tipo de vida, otro recomienda otro; uno piensa que la vida en el campo es mejor, otro, la vida en la ciudad. El soldado piensa que es mejor ser comerciante y el comerciante piensa que es mejor ser soldado. La gente puede contentarse con ser cualquier cosa menos lo que Dios quiere que sean. ¿Cómo es que nadie está contento? Muy pocos cristianos han aprendido la lección de Pablo; ni los pobres ni los ricos saben cómo contentarse. Pueden aprender cualquier cosa menos esto.

Si la gente es pobre, aprende a ser envidiosa; difama a quienes están por encima de ellos. La prosperidad de otros es una monstruosidad. Cuando la luz de Dios ilumina la casa de su vecino, esta luz los ofende. En medio de la necesidad, la gente puede abundar en envidia y malicia. Un ojo envidioso es un ojo maligno. Aprenden a criticar, quejándose, como si Dios los hubiera tratado con dureza. Hablan constantemente de sus deseos y necesidades; les falta este y aquel consuelo, cuando su mayor necesidad es un espíritu contento. Estas personas están bastante contentas con su pecado, pero no con su condición.

Si las personas son ricas, aprenden a ser codiciosas; ansían insaciablemente el mundo y por medios injustos lo amasan. Su *diestra está llena de sobornos*, como lo expresó el salmista (Salmo 26:10). Pon una buena causa en una balanza y una pieza de oro en la otra, y el oro pesa más. Salomón dijo que hay cuatro cosas que nunca dicen *basta* (Proverbios 30:15). Puedo añadir una quinta: el corazón de una persona codiciosa. Ni los pobres ni los ricos saben cómo estar contentos.

Desde la creación, este pecado del descontento nunca reinó,

o mejor dicho, azotó, más que en nuestros tiempos; nunca Dios fue más deshonrado. Es difícil hablar con alguien cuya pasión en la lengua no delate el descontento de su corazón. Todos balbucean sus problemas y aquí, incluso la lengua tartamuda habla con demasiada libertad y fluidez. Si no tenemos lo que deseamos, no acudimos a Dios, pero pronto nos enfermamos de descontento y estamos a punto de morir por nuestro mal humor y nuestra insatisfacción mental. Si Dios no perdona al pueblo de Israel por sus lujurias, le piden que les quite la vida; deben comer codornices con su maná (Números 11).

Uno pensaría que las tierras reales del rey Acab le habrían bastado, pero estaba hosco y descontento porque quería la viña de Nabot (1 Reyes 21). Jonás, aunque buen hombre y profeta, estaba dispuesto a morir en un ataque de ira porque Dios mató su calabacera (Jonás 4). Raquel dijo: *Dame hijos, o si no, muero*. Tenía muchas bendiciones si las hubiera visto, pero carecía de esta satisfacción. Dios suplirá nuestras necesidades, pero ¿debe satisfacer también nuestras lujurias? Muchos están descontentos por cosas triviales. Alguien tiene un vestido mejor, una joya más cara, una moda más moderna. Nerón, no contento con su imperio, se preocupaba de que el músico tuviera más habilidad musical que él. ¡Qué insensatos son algunos que se consumen descontentos porque no tienen esas cosas que, si las tuvieran, solo los harían más ridículos!

*Capítulo 6*

# ¿Cómo es posible estar contento?

Se nos exhorta a esforzarnos por el contentamiento; es lo que embellece a los cristianos y los hace brillar. Como un bordado espiritual, los distingue ante los ojos del mundo. Pero supongo que algunos se quejarán amargamente y me dirán: "¿Pero cómo es posible estar contento? El Señor *ha hecho pesadas mis cadenas* (Lamentaciones 3:7). Me ha arrojado a una condición muy triste".

El pecado siempre se esfuerza por ocultarse bajo alguna máscara o, si no puede ocultarse, por justificarse con alguna excusa. Considero que este pecado del descontento es muy ingenioso en sus excusas. Primero revelaré estas excusas y luego responderé. Debemos establecer como regla que el descontento es un pecado. Todas las pretensiones y excusas con las que se esfuerza por justificarse son solo el maquillaje y la vestimenta de una ramera.

La primera excusa que presenta el descontento es esta: "He perdido a un hijo".

Paulina, tras la pérdida de sus hijos, estaba tan poseída por un espíritu de tristeza que casi se hundió en su propio descontento[7]. Nuestro amor por nuestros familiares a menudo es mayor que nuestro amor por la religión.

---

7  Paulina era una mujer romana que renunció a todo lo que poseía para vivir en las cuevas de Belén. Era amiga y colaboradora de Jerónimo.

Debemos estar contentos no solo cuando Dios nos da misericordias, sino también cuando las quita. Si en todo debemos dar gracias (1 Tesalonicenses 5:18), entonces en nada estemos descontentos. Quizás Dios haya quitado la cisterna para darte más del manantial. Ha oscurecido la luz de las estrellas para que tengas más luz solar. Dios quiere que tengas más de Él mismo. ¿No es Él mejor que diez hijos? Considéralo más como una ganancia espiritual que como una pérdida temporal. Las comodidades del mundo dejan residuos, pero las que salen del granero de la promesa son puras y dulces.

Tu hijo no te fue dado, sino prestado. Ana dijo de su hijo: *...yo también lo he dedicado al Señor* (1 Samuel 1:28). ¿Ella lo prestó? ¡El Señor se lo prestó a ella! Las misericordias no nos son garantizadas, sino prestadas; lo que uno presta, puede reclamarlo cuando quiera. Dios te ha dado un hijo para que lo cuides por un tiempo; ¿te disgustará si se lo lleva de vuelta a casa? No te descontentes porque te hayan quitado una misericordia, sino más bien agradece que te la hayan prestado por tanto tiempo.

Supón que te arrebataron a tu hijo. Era bueno o malo. Si era rebelde, no te has separado de un hijo, sino de una carga. Te afliges por lo que podría haber sido un dolor mayor para ti. Si era creyente, recuerda que *ante el mal es arrebatado el justo* (Isaías 57:1) y colocado en su centro de felicidad. Esta tierra abajo está llena de cosas pesadas y dolorosas que nos oprimen; ¡cuán felices son los que ascienden a las esferas celestiales! Los justos son arrebatados; en el original, *es recogido;* un niño malvado es cortado, pero el niño devoto es recogido. Así como vemos que la gente recoge flores y las embellece para preservarlas, así Dios ha recogido a tu hijo como una dulce flor para enaltecerlo con gloria y preservarlo por Él para siempre.

¿Por qué, entonces, están descontentos los cristianos? ¿Por qué lloran tanto? *Hijas de Jerusalén, no lloréis por mí; llorad más bien por vosotras mismas* (Lucas 23:28). Si pudiéramos escuchar a nuestros hijos hablándonos desde el Cielo, dirían: "No lloren por nosotros, que somos felices; recostamos sobre una suave almohada, en el seno de Cristo. El Príncipe de la Paz nos abraza y nos besa con los besos de sus labios, así que no se preocupen por nuestro ascenso. No lloren por nosotros, sino lloren por ustedes mismos, que están en un mundo pecador y triste. Ustedes están en el valle de las lágrimas, pero nosotros estamos en la montaña de las especias. Hemos llegado a nuestro puerto, pero ustedes todavía están sacudidos por las olas de la inconstancia".

¡Oh, cristiano! No estes descontento por haberte separado de un hijo así, sino más bien alégrate de haber tenido un hijo así de quien separarte. ¡Prorrumpe en gratitud! Qué honor es criar a un hijo que, mientras vive, aumenta el gozo de los ángeles glorificados (Lucas 15:10) y, al morir, ¡aumenta el número de los santos glorificados!

Si Dios te ha quitado a uno de tus hijos, te ha dejado a ti más. Podría haberte despojado de todo. Le quitó a Job sus comodidades, sus bienes y sus hijos. Quedó su esposa, pero como una cruz. Satanás hizo un arco con esta costilla, como dijo Crisóstomo, y con ella lanzó una tentación contra Job, creyendo haberle dado en el corazón: *Maldice a Dios y muere*. Pero Job llevaba la coraza de la integridad, y aunque le quitaron sus hijos, no sus gracias[8]. Aun así, estaba contento, aun así bendijo a Dios. Piensen en cuántas misericordias aún disfrutan, ¡pero sus corazones viles están más descontentos con una sola pérdida que agradecidos por cien misericordias! Dios les ha arrancado un racimo de uvas, ¡pero quedan tantos racimos preciosos!

Podrías objetar: "Pero era mi único hijo, el sostén de mi vejez, la semilla de mi fuerza y la única flor de la que surgió mi antigua familia". Pero si le perteneces a Él, Dios te ha prometido *un nombre mejor que el de hijos e hijas* (Isaías 56:5).

---

8   Juan Crisóstomo (347–407) fue un padre de la iglesia primitiva conocido y admirado por su predicación.

¿Ha muerto quien debería haber sido el monumento para preservar el nombre de una familia? Dios te ha dado un nuevo nombre; ha escrito tu nombre en el Libro de la Vida. Aquí está tu heráldica espiritual, aquí está un nombre intachable. ¿Te ha quitado Dios a tu único hijo? Te ha dado a Su único Hijo: este es un intercambio gozoso.

Quien tiene a Cristo no tiene por qué quejarse de las pérdidas. Él es el resplandor de Su Padre (Hebreos 1:3), Su riqueza (Colosenses 2) y Su deleite (Isaías 42:1). ¿Hay suficiente en Cristo para deleitar el corazón de Dios, pero no lo suficiente para cautivarnos con santo deleite? Él es sabiduría para enseñarnos, justicia para justificarnos y santificación para adornarnos. Él es ese don real y principesco, es el pan de los ángeles y el gozo y el triunfo de los santos; Él es el *todo y en todos* (Colosenses 3:11). ¿Por qué, entonces, estás insatisfecho? Aunque perdiste a tu hijo, lo tienes a Él, para quien todo es pérdida (Filipenses 3:8).

Por último, deberíamos avergonzarnos de permitir que la naturaleza supere a la gracia. Pulvilo, un pagano, estaba a punto de consagrar un templo a Júpiter cuando le anunciaron la muerte de su hijo. No interrumpió su participación en la ceremonia, sino que, con gran serenidad, ordenó que se le diera un entierro digno.

La segunda excusa del descontento es: "Gran parte de mis bienes se esfumó inesperadamente y mi negocio está empezando a quebrar".

A veces, Dios se complace en humillar a Sus hijos y quitarles su dinero y sus posesiones. Su experiencia es la misma que la de aquella viuda que no tenía nada en casa excepto una vasija de aceite (2 Reyes 4:2), pero aun así deben estar contentos.

Dios les ha quitado sus bienes, pero no su porción; esta es una paradoja sagrada. El honor y las grandes posesiones no forman parte del patrimonio de un cristiano; son lujos, no esenciales. Provienen de afuera y son extraños; por lo tanto, no se puede llamar miserable a quien los pierde. La porción aún permanece: *El Señor es mi porción —dice mi alma—* (Lamentaciones 3:24). Supongamos que alguien tiene millones de dólares y, por casualidad, pierde un prendedor de su camisa. Esto no forma parte de su patrimonio y no podemos decir que está perdido. La pérdida de las comodidades terrenales no es tan grave para un cristiano como la pérdida de un prendedor para millones. *Estas cosas os serán añadidas* (Mateo 6:33); serán desechadas como sobrantes.

Cuando alguien compra una pieza de tela, se le añaden una o dos pulgadas a la medida, de modo que, aunque pierda esa pulgada de tela, no está perdido, pues la pieza entera permanece. Nuestro patrimonio exterior no se relaciona tanto con la porción, como una pulgada de tela con la pieza completa. Entonces, ¿por qué debería un cristiano estar descontento si conserva el título de su tesoro espiritual? Un ladrón puede quitarme todo el dinero que tengo, pero no puede quitarme mi tierra. Un cristiano aún posee el título de la tierra prometida. *María ha escogido la parte buena, la cual no le será quitada* (Lucas 10:42).

Quizás, si ustedes no hubieran perdido su patrimonio, sus almas se habrían perdido; las comodidades externas a menudo apagan la pasión interior. Dios puede darnos una joya, pero nos enamoramos tanto de ella que olvidamos a Aquel que la dio. ¡Qué lástima que cometamos idolatría con la criatura! A veces Dios se ve obligado a vaciar una propiedad; la plata y las joyas suelen arrojarse por la borda para salvar al pasajero. Muchos podrían maldecir el tiempo en que tuvieron tal propiedad. Era un encantamiento para alejar sus corazones de Dios. *Pero los que quieren enriquecerse caen en tentación y lazo* (1 Timoteo 6:9). ¿Te preocupa que Dios te haya impedido caer en una trampa? Las riquezas son espinas (Mateo 13:7); ¿te enojas porque Dios te ha quitado una espina? Las riquezas se comparan con el barro espeso (Habacuc 2:6); quizás tus deseos, que son los pies del alma, podrían haber estado tan firmemente clavados en este barro dorado que no hubieran podido ascender al Cielo. Conténtate; si Dios reprime nuestras comodidades externas, es para que la corriente de nuestro amor corra más rápido por otro camino. Dios puede bendecir incluso tus pocas posesiones. No se trata de cuánto dinero tengamos, sino de cuánta bendición. Quien a menudo maldice las bolsas de oro puede bendecir la harina en la tinaja y el aceite en la botella. Incluso si no tienes una vida de abundancia y lujo, tienes una promesa: *Su provisión bendeciré en abundancia* (Salmo 132:15). Entonces, con poco se puede hacer mucho. Conténtense con tener el rocío destilado de una bendición y una cena de hierbas verdes. Es dulce donde hay amor; debo añadir, donde está el amor de Dios. Otro puede tener más bienes que tú, pero más preocupaciones; más riquezas, pero menos descanso; más ingresos, pero más necesidad de gastar. Él tiene una herencia mayor, pero quizás *Dios no le ha capacitado para disfrutar de ella* (Eclesiastés 6:2). Tiene el dominio de sus bienes, pero no el uso; posee más, pero disfruta menos. En una palabra, tienes menos oro que él, pero, quizás, menos culpa.

Tu vida espiritual nunca ha florecido tan bien y tu corazón nunca ha sido tan humilde como desde que te encontraste en tu humilde condición. Nunca fuiste tan pobre de espíritu, nunca tan rico en fe. Nunca has corrido tan rápido en los caminos de los mandamientos de Dios como desde que te quitaron algunas de tus pesas de oro. Nunca tuviste tales tratos con el Cielo en toda tu vida; esta es la ganancia más abundante. Nunca has hecho tantas aventuras en la promesa como desde que dejaste tus aventuras en el mar. Esta es la mejor clase de mercancía. Oh, cristiano, nunca has tenido tales ingresos del Espíritu, tales manantiales de alegría. ¿Qué importa si eres débil en bienes si eres fuerte en seguridad? Conténtate. Lo que has perdido de una manera, lo has ganado de otra.

Sean cuales sean tus pérdidas de este tipo, recuerda que en cada pérdida solo hay sufrimiento, pero en cada descontento hay pecado, y un pecado es peor que mil sufrimientos. Porque he perdido parte de mis ingresos, ¿dejaré ir parte de mi justicia? ¿Se irán también mi fe y mi paciencia? Porque no poseo bienes, ¿no debería poseer mi propio espíritu? Oh, aprende a estar contento.

Una tercera excusa que da el descontento es: "Mi familia me causa tristeza y dolor. Donde debería encontrar más consuelo, allí encuentro más pena".

Esta objeción se divide en dos partes, y daré una respuesta distinta a cada una.

La primera es: "Mi hijo sigue en rebeldía; temo haber engendrado un hijo para el diablo".

Es realmente triste pensar que el infierno estaría pavimentado con los cráneos de cualquiera de nuestros hijos, y, sin duda, los dolores de una madre de este tipo son peores que los dolores del parto. Pero aunque deberías sentirte humillada, no estes descontenta; porque puedes aprender algo de la injusticia de tu hijo. El pecado del hijo a veces es el sermón del padre.

La infidelidad de nuestros hijos hacia nosotros puede ser un recordatorio de nuestra infidelidad pasada hacia Dios. Hubo un tiempo en que éramos hijos rebeldes; ¿cuánto tiempo nuestros corazones se alzaron como guarniciones contra Dios? ¿Cuánto tiempo nos habló y nos suplicó antes de que cediéramos? Él caminó con ternura hacia nosotros, pero nosotros caminamos con obstinación hacia Él. Ya que la gracia ha sido plantada en nuestras almas, ¿cuánto del olivo silvestre aún hay en nosotros (Romanos 11:17)? ¿A cuántas insinuaciones del Espíritu resistimos a diario? ¿Cuántas crueldades y afrentas hemos infligido a Cristo? Que esto abra una fuente de arrepentimiento; observa la rebelión de tu hijo y lamenta la tuya.

Aunque verlo infiel sea tu dolor, no siempre es tu pecado.

¿Le has dado al niño no solo la leche materna, sino también *la leche pura de la palabra* (1 Pedro 2:2)? ¿Has sazonado sus tiernos años con educación religiosa? No puedes hacer más. Los padres solo pueden obrar el conocimiento; Dios debe obrar la gracia. Solo pueden juntar la leña; es Dios quien debe hacerla arder. Un padre solo puede ser un guía para mostrarle a su hijo el camino al Cielo; el Espíritu de Dios debe ser un imán que atraiga su corazón hacia ese camino. Jacob le preguntó a Raquel: *¿Estoy yo en lugar de Dios, que te ha negado el fruto de tu vientre?* (Génesis 30:2). ¿Puedo dar hijos? Entonces, ¿está un padre en el lugar de Dios para dar la gracia? ¿Quién puede evitar que un hijo tenga la luz de la conciencia, las Escrituras y la educación —estas tres antorchas en su mano— pero aun así corra voluntariamente hacia las profundas aguas del pecado?

Llora por tu hijo. Ora por él, pero no peques por él con descontento. No digas que has dado a luz un hijo para el diablo; Dios puede apartarlo del error. Él ha prometido volver *el corazón de los hijos hacia los padres* (Malaquías 4:6) y abrir manantiales de gracia en el desierto (Isaías 35:6). Cuando tu hijo se lanza a toda vela hacia el diablo, Dios puede soplar con el viento contrario de Su Espíritu y cambiar su rumbo. Cuando Pablo respiraba persecución contra los santos y navegaba hacia el infierno, Dios lo desvió. Antes se dirigía a Damasco, pero Dios lo envió a Ananías. Antes era perseguidor, ahora es predicador. Aunque nuestros hijos estén actualmente en el estanque del diablo, Dios puede apartarlos del poder de Satanás y traerlos en el último momento. Mónica lloró por su hijo Agustín. Finalmente, Dios respondió a sus oraciones y Agustín se convirtió en un instrumento famoso en la iglesia de Dios.

La segunda rama de la objeción es: "Mi marido es un hombre malvado. Donde busqué miel, solo encontré aguijón". Es triste tener a los vivos y a los muertos unidos, pero no dejes que tu corazón se angustie de descontento. Llora por sus pecados, pero no murmures; Dios te ha puesto en tus relaciones y no puedes sentir descontento a menos que encuentres faltas a Dios. ¿Deberíamos cuestionar la infinita sabiduría de Dios cada vez que nos cae una cruz? ¡Oh, la blasfemia de nuestros corazones! Dios puede hacer que te beneficies del pecado de tu esposo; tal vez nunca habrías sido tan buena si él no hubiera sido tan malo. El fuego arde con más fuerza en el clima más frío. Dios a menudo convierte los pecados de otros en nuestro bien y hace de nuestras enfermedades nuestras medicinas. Cuanto más profano es el esposo, a menudo más santa se vuelve la esposa; cuanto más terrenal es él, más celestial se vuelve ella.

Dios a veces hace del pecado del esposo una espuela para la gracia de la esposa. Sus exorbitancias son como un fuelle para avivar la llama de su celo y devoción aún más. ¿No es cierto? ¿Acaso la maldad de tu esposo no te lleva a orar? Quizás no habrías orado tanto si él no hubiera pecado tanto. Su muerte te hace más viva. La piedra de su corazón es un martillo que te rompe el corazón. El apóstol dijo: *La mujer que no es creyente es santificada por medio de su marido creyente* (1 Corintios 7:14), pero en este sentido, la esposa creyente es santificada por el esposo incrédulo. Ella mejora, el pecado de él agudiza su gracia y es una medicina para su complacencia.

La cuarta excusa que da el descontento es: "Mis amigos han sido muy crueles conmigo y han demostrado ser falsos amigos".

Es triste cuando un amigo resulta ser como un arroyo en verano (Job 6:15). El viajero, abrasado por el calor, llega al arroyo con la esperanza de refrescarse, pero el arroyo está seco. Sin embargo, conténtate. No estás solo. Otros santos han sido traicionados por sus amigos. Cuando se han apoyado en ellos, han sido como un pie descoyuntado. Esto fue cierto en el tipo David: *Porque no es un enemigo el que me reprocha... sino tú, que eres mi igual, mi compañero, mi íntimo amigo; que juntos teníamos dulce comunión* (Salmos 55:12-14) y en el antitipo,

Cristo: Él fue traicionado por un amigo. ¿Por qué nos extrañaría que se nos diera la misma medida que a Jesucristo? *El discípulo no es superior a su maestro: Un discípulo no está por encima del maestro* (Mateo 10:24).

Un cristiano a menudo puede ver su propio pecado en su castigo; ¿no ha traicionado a Dios? ¿Cuántas veces ha contristado al Consolador, ha roto sus votos y, por incredulidad, se ha aliado con Satanás en contra de Dios? ¿Cuántas veces ha abusado del amor, ha tomado las joyas de la misericordia de Dios y las ha convertido en un becerro de oro, sirviendo a sus propios deseos? ¿Cuántas veces hizo de la gracia inmerecida de Dios, que podría haber sido un cerrojo para protegerse del pecado, una llave para abrir la puerta? El Señor recibió estas heridas en la casa de Sus amigos (Zacarías 13:6). Observa la crueldad de tu amigo y lamenta tu propia crueldad contra Dios. ¿Debe un cristiano condenar en otro aquello de lo que él mismo ha sido culpable?

¿Se ha mostrado tu amigo traicionero? Quizás pusiste demasiada confianza en él. Si pones sobre una casa más peso del que las columnas pueden soportar, se derrumbará. Dios dijo: *...ni confiéis en el amigo* (Miqueas 7:5). Quizás pusiste más confianza en tu amigo de la que te atreviste a poner en Dios. Los amigos son como las copas venecianas: podemos usarlas, pero si nos apoyamos demasiado en ellas, se rompen. Puede ser cuestión de humildad, pero no de mal humor ni descontento. Tienes un amigo en el Cielo que nunca te fallará. Salomón dijo: *...pero hay amigo más unido que un hermano* (Proverbios 18:24). Dios es un amigo así. Es muy estudioso e inquisitivo por nosotros; debate consigo mismo, consultando y proyectando cómo puede hacernos bien. Él es el mejor amigo que puede dar contentamiento en medio de toda la incivilidad de los amigos.

Considera:

1. *Él es un amigo amoroso. Dios es amor* (1 Juan 4:16). Él ha dicho: *He aquí, en las palmas de mis manos, te he grabado* (Isaías 49:16) para que nunca nos apartemos de Su mirada, y Él nos lleva en su Seno (Isaías 40:11), cerca de Su corazón. Su amor no tiene fin ni interrupción, sino que, como el río Nilo, desborda todas las orillas. Su amor supera nuestros pensamientos y nuestros méritos. ¡Oh, el amor infinito de Dios al dar al Hijo de Su amor para que se hiciera carne, que fue más que si todos los ángeles se hubieran hecho gusanos! Dios, al darnos a Cristo, nos entregó Su propio corazón; aquí está el amor plasmado en toda su gloria y grabado *con punta de diamante* (Jeremías 17:1). Todo otro amor es voluble comparado con el amor de nuestro Amigo.

2. Él es un amigo atento. Él *tiene cuidado de vosotros* (1 Pedro 5:7). Él considera y gestiona nuestros asuntos como Suyos; considera los intereses y preocupaciones de Su pueblo como Suyos. Él provee para nosotros: gracia para enriquecernos, gloria para ennoblecernos. Fue la queja de David: *No hay quien cuide de mi alma* (Salmo 142:4). Un cristiano tiene un Amigo que se preocupa por él.

3. *Él es un amigo prudente. La sabiduría y el poder son de Él* (Daniel 2:20). Un amigo a veces puede errar por ignorancia o error y darle a su amigo veneno en lugar de azúcar, pero Dios es *sabio de corazón* (Job 9:4). Es hábil y fiel; conoce nuestra enfermedad y qué medicina es la mejor para aplicar. Sabe qué nos hará bien y qué viento nos llevará al Cielo.

4. *Él es un amigo fiel.* Y es fiel en sus promesas: *con la esperanza de vida eterna, la cual Dios, que no miente, prometió* (Tito 1:2). El pueblo de Dios es *hijos que no engañarán* (Isaías 63:8), pero Dios es un Dios que no miente. Él no

engañará la fe de Su pueblo; no puede. Él es llamado *la verdad* (Juan 14:6). Tanto puede dejar de ser Dios como dejar de ser verdadero. El Señor a veces puede cambiar Su promesa, como cuando convierte una promesa material en una promesa espiritual, pero nunca puede romperla.

5. *Él es un amigo compasivo.* Leemos en las Escrituras sobre el anhelo de Su corazón (Jeremías 31:20). La amistad de Dios no es otra cosa que compasión, pues no hay en nosotros, por naturaleza, inclinación a desear Su amistad ni bondad para merecerla. La atracción está en Él mismo. Cuando estábamos llenos de sangre, Él estaba lleno de compasión; cuando éramos enemigos, Él envió un embajador de paz. Cuando nuestros corazones se apartaron de Dios, Su corazón se volvió hacia nosotros. ¡Oh, la ternura y la compasión de nuestro Amigo en el Cielo! Nosotros mismos sentimos compasión por quienes sufren, pero es Dios quien produce todas las misericordias y la compasión que hay en nosotros; por eso, Él es llamado el *Padre de misericordias* (2 Corintios 1:3).

6. *Él es un amigo constante. Nunca fallan sus bondades* (Lamentaciones 3:22). En la adversidad, los amigos a menudo se desvanecen como hojas en otoño; son más aduladores que amigos. Joab fue fiel a la casa del rey David por un tiempo; no siguió la traición de Absalón, pero con el tiempo fue desleal a la corona y apoyó la traición de Adonías (1 Reyes 1:7). Dios es un amigo para siempre: *habiendo amado a los suyos que estaban en el mundo, los amó hasta el fin* (Juan 13:1). ¿Qué importa si otros me desprecian? Dios me ama. ¿Y si mis amigos me rechazan? Dios me ama. Él ama hasta el fin y ese amor no tiene fin. Creo que en casos de incivilidad y crueldad, esto es suficiente para calmar el descontento.

La quinta excusa es: «Me reprenden y critican a menudo». No dejes que esto te descontente porque es señal de que hay algo bueno en ti. Sócrates preguntó: "¿Qué mal he hecho para que este malvado me alabe?". El aplauso de los malvados suele denotar algún mal y su censura indica algún bien (Salmo 38:20). David lloró y ayunó, y eso se convirtió en su oprobio (Salmo 69:10). Así como debemos pasar al Cielo por las espinas del sufrimiento, también debemos atravesar las nubes del oprobio. Si tu reprensión es para Dios, como la de David: *Pues por amor de ti he sufrido vituperio* (Salmo 69:7), entonces es cuestión de triunfo, no de abatimiento. Cuando eres reprochado, Cristo no te dice que estés descontento, sino que te regocijes y te alegres (Mateo 5:12). Lleva tu oprobio como una diadema de honor, porque ahora *el Espíritu de gloria y de Dios reposa sobre vosotros* (1 Pedro 4:14). Pon tus reproches en el inventario de tus riquezas, como hizo Moisés (Hebreos 11:26).

La ambición del cristiano debería ser vestir el uniforme de su Salvador, aunque esté manchado de sangre y desgracia. Dios usará el oprobio para hacernos bien, como la maldición de David de Simei: *Quizá el Señor mire mi aflicción y me devuelva bien por su maldición de hoy* (2 Samuel 16:12). Nos impulsa a buscar nuestro pecado; un hijo de Dios se esfuerza por leer su pecado en cada piedra de oprobio que se le arroja y ahora también tenemos la oportunidad de ejercitar la paciencia y la humildad. Jesucristo se contentó con ser vituperado por nosotros; despreció la vergüenza de la cruz (Hebreos 12:2). Nos puede sorprender pensar que Él, que era Dios, pudiera soportar que lo escupieran, que lo coronaran de espinas con burla y que, cuando estaba a punto de inclinar la cabeza en la cruz, los judíos menearan la cabeza con desprecio y dijeran: *A otros salvó, a sí mismo no se puede salvarse* (Mateo 27:42).

La vergüenza de la cruz fue tan dañina como la sangre de la cruz; Su nombre fue crucificado antes que Su cuerpo. Las agudas flechas de reproche que el mundo lanzó contra Cristo se clavaron más profundamente en Su corazón que la lanza. Su sufrimiento fue tan humillante que fue como si el sol se ruborizara al mirar, retirara sus brillantes rayos y se ocultara con una nube (como sucede cuando el Sol de Justicia se eclipsa). Todo este desprecio y reproche, el Dios de gloria lo soportó, o mejor dicho, lo despreció, y lo consideró nada por nosotros. Conténtense con que sus nombres sean eclipsados por Cristo.

No permitan que el reproche se pose sobre sus corazones; más bien, ¡átenlo como una corona alrededor de sus cabezas! ¿Qué es el reproche? Es solo una bala; ¿cómo resistirán la boca de un cañón? Quienes están descontentos con un reproche se ofenden con un cerillo. ¿No se conforman muchos hombres con sufrir reproches por aferrarse a su lujuria? ¿No deberíamos conformarnos con sufrir reproches por aferrarnos a la verdad? Algunos se glorían en lo que es su vergüenza (Filipenses 3:19); ¿nos avergonzaremos de lo que es nuestra gloria?

No se preocupen por estas nimiedades. Aquellos cuyos corazones una vez fueron divinamente tocados por la inevitable atracción del Espíritu de Dios consideran un honor ser deshonrados por Cristo (Hechos 5:41) y desprecian la censura del mundo tanto como su alabanza. Vivimos en una época en la que la gente se atreve a reprochar a Dios mismo. La divinidad del Hijo de Dios es blasfemamente reprochada por los socinianos[9]; la bendita Biblia es reprochada por quienes niegan su verdad, autoridad e infalibilidad, como si fuera solo una leyenda de mentiras y la fe de cada hombre una fábula. La justicia de Dios es llamada al tribunal de la razón por los arminianos, la sabiduría de la providencia divina es puesta a prueba por el ateo. Los familistas critican las ordenanzas de Dios por ser una carga demasiado pesada para una conciencia libre y demasiado bajas y carnales para un espíritu angelical

---

9  Los socinianos, un grupo que seguía las enseñanzas del teólogo Socino, creían, entre otras cosas, que Jesús era solo un humano.

sublime[10]. Los caminos de Dios, que relucen con la majestad de la santidad, son calumniados por los profanos; la boca de los hombres se abre contra Dios, como si Él fuera un amo duro y el camino de la religión demasiado estricto y severo.

Si los hombres no pueden hablar bien de Dios, ¿deberíamos estar descontentos o preocupados de que hablen con dureza de nosotros? Para aquellos que se esfuerzan por enterrar la gloria de la religión, ¿deberíamos sorprendernos de que *sepulcro abierto es su garganta* (Romanos 3:13) para enterrar nuestro buen nombre? Oh, conténtense mientras estamos en la casa de Dios con que nuestros nombres sean manchados un poco; cuanto más negros parezcamos aquí, más brillaremos cuando Dios nos haya puesto en el estante celestial.

La sexta excusa que usa el descontento es la falta de respeto en el mundo. "No tengo la estima de la gente que iguala mi calidad y gracia".

¿Te preocupa esto? El mundo es un juez desigual; como está lleno de cambios, está lleno de parcialidad. El mundo le da respeto y ascensos, a menudo más por favor que por mérito. ¿Tienen la base del verdadero valor en ustedes? Ese es el mayor valor que reside en quien lo posee; el honor reside en quien lo otorga. Es mejor merecer respeto y no tenerlo que tenerlo y no merecerlo. ¿Tienen la gracia de Dios? Dios te respeta y Su juicio es el más digno de ser apreciado. Un creyente es una persona de honor, nacido de Dios: *Ya que eres precioso a mis ojos, digno de honra, y yo te amo* (Isaías 43:4). Que el mundo piense lo que quiera de ti. A sus ojos, quizá seas un marginado, pero a los ojos de Dios, eres una paloma (Cantares 2:14), una esposa (Cantares 5:1) y una joya (Malaquías 3:17). Otros te consideran la *escoria del mundo* (1 Corintios 4:13), pero Dios dará reinos enteros por tu rescate (Isaías 43:3).

---

10   Los familistas formaban parte de una secta fundada en el siglo XVI. Sus miembros creían que el espíritu de amor que había entre ellos los colocaba por encima de las Escrituras, los credos, los sacramentos y la ley.

No importa cómo te vea el mundo corrupto, si Dios piensa bien de ti, conténtate. Es mejor que Dios te apruebe a que el hombre te aplauda. El mundo puede ponernos en su lista negra, pero Dios nos puso en Su libro negro. ¿Cómo te beneficias si tus compañeros de prisión te elogian, pero tu juez te condena? Esfuérzate por mantenerte cerca de Dios, ¡valora Su amor! Aunque mis compañeros frunzan el ceño, yo estoy contento. Soy el favorito del Rey del Cielo. Si eres hijo de Dios, debes esperar falta de respeto. Un creyente está en el mundo, pero no es del mundo (Juan 17:14-16); estamos aquí como peregrinos, fuera de nuestra propia patria. Por lo tanto, no debemos buscar el respeto ni el aplauso del mundo; basta con que tengamos honor en nuestra propia patria (Hebreos 13:14). Es peligroso ser el favorito del mundo.

El descontento que surge de la falta de respeto se deleita demasiado en el orgullo; los cristianos humildes tienen una opinión inferior de sí mismos de la que otros pueden tener de ellos. Quien se consume pensando en sus pecados y en cómo ha provocado a Dios, clama como Agur: *Soy el más torpe de los hombres* (Proverbios 30:2), y se contenta aunque esté *con los perros de mi ganado* (Job 30:1). Aunque se siente inferior ante los demás, agradece no estar *en las profundidades del Seol* (Salmo 86:13). Un hombre orgulloso se valora mucho y se enoja con los demás porque no están a su altura. ¡Cuidado con el orgullo! Si otros pudieran ver lo profundo de tu corazón, o si tu corazón se situara donde está tu rostro, te sorprendería tener tanto respeto.

La séptima excusa es: "Sufro mucho por la verdad".

Pero considera esto: tus sufrimientos no son tan grandes como tus pecados. Pon estos dos en la balanza y ve cuál pesa más; donde el pecado pesa, el sufrimiento es leve. Un espíritu carnal da más importancia a sus sufrimientos que a sus pecados. Considera a uno desde la perspectiva más amplia, pero al otro desde la perspectiva más limitada. El corazón carnal clama: *quita las ranas* (Éxodo 8:8), pero un corazón transformado por la gracia clama: *quita la iniquidad* (2 Samuel 24:10). Uno dice: "Nadie ha sufrido jamás como yo", pero el otro dice: "Nadie ha pecado jamás como yo" (Miqueas 7:9).

¿Estás sufriendo? Entonces tienes la oportunidad de demostrar el valor y la constancia de tu mente. Algunos santos de Dios habrían considerado un gran favor haber sido honrados con el martirio. Uno dijo: "Estaré en prisión hasta que esté en prisión"[11]. Tú consideras un problema lo que otros habrían llevado como una insignia de su gloria.

Incluso aquellos que han vivido únicamente según principios morales han mostrado gran constancia y satisfacción en sus sufrimientos. En respuesta a un oráculo, Curcio, valientemente montado a caballo y con armadura completa, se arrojó a un gran abismo para que la ciudad de Roma se librara de la peste[12]. Nosotros, que tenemos un oráculo divino que dice que quienes matan el cuerpo no pueden herir el alma, ¿no nos entregaremos con mucha constancia y paciencia a la injuria y al insulto por la religión y sufriremos por la verdad antes que la verdad sufra por nosotros? Los Decius, entre los romanos[13], se comprometieron a morir para que sus legiones y soldados fueran coronados con el honor de la victoria.

¡Oh, cuánto nos contentaríamos con sufrir para que la verdad triunfara! Régulo juró que regresaría a Cartago aun sabiendo que allí se calentaba un horno para él. Se aventuró a ir, sin atreverse a romper su juramento[14]. Nosotros, pues, los

---

11  Esto lo dijo el mártir Laurence Sanders, predicador protestante inglés, que fue quemado en la hoguera en 1555.
12  Según la leyenda, un terremoto provocó la apertura de un gran pozo en Roma. Un adivino afirmó que los dioses exigían las posesiones más preciadas de Roma. Curcio afirmó que las armas y el coraje eran lo más preciado y se arrojó al pozo.
13  Esto se refiere a Plubius Decius Mus y su hijo.
14  La leyenda cuenta que Régulo fue capturado por los cartagineses, pero regresó a Roma para negociar la paz. Fue a Roma, pero se negó a negociar en nombre de Cartago y regresó voluntariamente a Cartago para ser asesinado.

cristianos, habiendo hecho un voto a Cristo en el bautismo, tantas veces renovado en el santísimo sacramento, deberíamos con mucha satisfacción elegir sufrir antes que violar nuestro sagrado juramento. Los benditos mártires, con valentía y alegría, entregaron sus almas a Dios, y cuando el fuego se prendió en sus cuerpos, sus espíritus no se encendieron en absoluto de rabia ni descontento. Aunque otros lastimen el cuerpo, no dejes que lastimen tu mente con el descontento. Demuestra con tu heroico coraje que estás por encima de esos problemas de los que no puedes prescindir.

La octava excusa que ofrece el descontento es la prosperidad de los malvados.

Admito que a veces puede parecer que los malos disfrutan de todo el bien y los buenos soportan todo el mal. David, aunque era un buen hombre, tropezó con esto y casi cae (Salmo 73:2). Bueno, estén contentos. Recuerden que estas no son las únicas cosas ni las mejores; son misericordias insólitas. Son solo bellotas con las que Dios alimenta a los cerdos. Ustedes, los creyentes, tienen un fruto mucho mejor: el olivo, el granado, el fruto que crece en la Vid verdadera, Jesucristo. Otros tienen la grosura de la tierra, ustedes tienen el rocío del cielo. Ellos tienen una tierra escogida, ustedes tienen manantiales de agua viva que se purifican y aclaran con la sangre de Cristo y se endulzan con Su amor.

Ver florecer a los malvados es motivo de compasión más que de envidia; es todo el cielo que tendrán: ¡ay de vosotros los ricos!, porque ya estáis recibiendo todo vuestro consuelo (Lucas 6:24). Así fue como David hizo de esta su solemne oración: Libra mi alma *del impío... oh Señor, de los hombres del mundo, cuya porción está en esta vida, y cuyo vientre llenas de tu tesoro* (Salmos 17:13-14). Las palabras, me parece, son la oración de David: "De los hombres del mundo, cuya porción está en esta vida, buen Señor, líbrame". Cuando los malvados han comido de sus exquisitos manjares, llega un triste ajuste de cuentas que lo arruina todo. El mundo es primero musical y luego trágico; si un hombre va a freírse y arder en el infierno, que tenga suficiente de la grosura de la tierra. Recuerda, por cada grano de misericordia que fluye hacia los malvados, ¡Dios pone una gota de ira en su redoma! Como el soldado le dijo a su compañero: "¿Envidias mis uvas? Me costaron caro; debo morir por ellas", así que te digo: "¿Envidias a los malvados?".

Su prosperidad es como el banquete de Amán antes de la ejecución (Ester 6-7). Si un hombre fuera a ser ahorcado, ¿lo envidiarías caminando hacia la horca por campos agradables y galerías elegantes, o subiendo la escalera con ropas de oro? Los malvados pueden florecer en su valentía por un tiempo, pero cuando florecen, como la hierba, serán *destruidos para siempre* (Salmo 92:7). La hierba orgullosa será segada. Todo lo que un pecador disfruta, lleva consigo una maldición (Malaquías 2:2). ¿Envidiaremos? ¿Qué pasaría si se les diera pan envenenado a los perros? Los largos surcos en las espaldas de los piadosos tienen una semilla de bendición, pero la mesa de los malvados se convierte en una trampa y su honor es su perdición.

Una novena excusa que el descontento se inventa es la maldad de los tiempos. "Los tiempos están llenos de herejía e impiedad, y esto me preocupa".

Esta excusa tiene dos vertientes. La primera es que los tiempos están llenos de herejía. Esto es realmente triste; cuando el diablo no puede destruir la iglesia por la violencia, intenta envenenarla. Cuando no puede, prende fuego al trigo con las colas de zorro de Sansón (Jueces 15:4-5), entonces siembra cizaña *(*Mateo 13:24-43). Mientras se esfuerza por destruir la paz de la iglesia mediante la división, se esfuerza por destruir su verdad mediante el error. Podemos clamar que vivimos en una época en la que hay un canal abierto a todas las opiniones nuevas e inusuales, y la opinión de cada uno es su Biblia. Bueno, esto puede hacernos llorar, pero no murmuremos por descontento.

Consideren que el error exhibe a la gente. El error revela a los malos, a los contaminados y corruptos. Cuando la lepra le brotó en la frente, el leproso quedó al descubierto. El error es un bastardo espiritual: el diablo es el padre y la soberbia es la madre. Una persona en error siempre es orgullosa. Ahora bien, es bueno que estas personas sean expuestas, primero, para que el justo juicio de Dios sobre ellas sea reverenciado, y segundo, para que otros, que son libres, no se contagien. Si una persona tiene la plaga, es bueno que sea expuesta.

Por mi parte, evitaría a un hereje como evitaría al diablo, pues es enviado a sus misiones. Les ruego, si hubiera una taberna en esta ciudad donde, con el pretexto de vender vino, se vendieran muchos barriles de veneno, ¿no sería bueno que otros lo supieran para que no lo compraran? Es bueno que quienes tienen opiniones envenenadas sean revelados para que el pueblo de Dios no se acerque ni al olor ni al sabor de ese veneno.

El error también es un modelo para revelar a los buenos. Pone a prueba el oro: *Porque es necesario que entre vosotros haya bandos, a fin de que se manifiesten entre vosotros los que son aprobados* (1 Corintios 11:19). Nuestro amor por Cristo y nuestro celo por la verdad se harán evidentes. Dios muestra quiénes son los peces vivos, los que nadan contra la corriente; quiénes son las ovejas sanas, las que se alimentan en los verdes pastos de las ordenanzas; quiénes son las palomas, las que viven en el mejor aire, donde respira el espíritu. Dios coloca una guirnalda de honor sobre estos. Estos *son los que vienen de la gran tribulación* (Apocalipsis 7:14). Estos son los que se han opuesto a los errores de la época, han preservado la virginidad de su conciencia y han mantenido un juicio sano y un corazón blando. Dios colocará un trofeo de honor sobre algunos de sus santos. Serán reconocidos por su sinceridad, siendo como el ciprés, que conserva su verdor y frescura en la temporada de invierno.

No se sientan pecaminosamente descontentos, pues Dios puede hacer que los errores de la iglesia beneficien la verdad. De esta manera, las verdades de Dios han sido más elaboradas y confirmadas, como lo es en la ley. Si alguien presenta un título falso de propiedad, el título verdadero ha sido, de esta manera, investigado y confirmado. Algunos nunca habrían estudiado con tanta diligencia para defender la verdad de las Escrituras si otros no se hubieran esforzado por derribarla con falsas enseñanzas. Todas las nieblas y brumas del error que han surgido del abismo han hecho brillar con mucha más intensidad el glorioso sol de la verdad.

Pero Si Arrio y Sabelio no hubieran expuesto su condenable error, la verdad de esas cuestiones sobre la Santísima Trinidad nunca habría sido tan discutida y defendida por Atanasio, Agustín y otros[15]. Si el diablo no hubiera introducido tanta oscuridad principesca, los defensores de la verdad nunca habrían corrido tan rápido a las Escrituras para encender sus lámparas. Dios, con una rueda dentro de otra rueda, domina estas cosas sabiamente y las convierte en lo mejor. La verdad es una planta celestial que se asienta con la sacudida.

Dios eleva aún más el precio de su verdad; los mismos fragmentos y limaduras de la verdad son venerados. Cuando hay mucho metal falso por todas partes, apreciamos más el oro verdadero. El vino puro de la verdad nunca es más precioso que cuando se explotan y se ventilan doctrinas erróneas.

El error nos hace más agradecidos a Dios por la joya de la verdad. Cuando ves a otro infectado con la plaga, ¿cuán agradecido estás que Dios te haya librado de la infección? Cuando vemos a otros con lepra en la cabeza, ¿cuán agradecidos estamos con Dios de que no nos haya entregado a creer una mentira y así ser condenados? Incluso el error de estos tiempos es útil cuando nos hace más humildes y agradecidos, y nos lleva a

---

15   Arrio y Sabelio fueron maestros del siglo III con visiones heréticas de la Trinidad.

adorar la gracia inmerecida de Dios, quien nos ha impedido beber de ese veneno mortal.

La segunda vertiente de la excusa que presenta el descontento es la contaminación de estos tiempos. "Vivo y hablo entre los profanos". ¡Quién me diera alas como de paloma! Volaría y hallaría reposo (Salmos 55:6)

Es triste mezclarse con los malvados. David dijo: *Veo a los pérfidos y me repugnan* (Salmo 119:158), y Lot, quien era una estrella brillante en una noche oscura, se sintió frustrado o, como indica la palabra original, "cansado" *con la conducta sensual de hombres libertinos* (2 Pedro 2:7); hizo que los pecados de Sodoma fueran lanzas que traspasaran su propia alma. Si hay alguna chispa de amor divino en nosotros, debemos ser muy conscientes de los pecados ajenos y compadecernos de ellos, pero no estallar en luto ni descontento, sabiendo que Dios, en su providencia, lo ha permitido, y ciertamente no sin razón. El Señor hace de los malvados un muro de protección para los justos; el Dios sabio a menudo convierte a los malvados y pacíficos en un medio para salvaguardar a Su pueblo de los malvados y crueles. El rey de Babilonia cuidó de Jeremías y dio órdenes especiales de cuidarlo para que no le faltara nada (Jeremías 39:11-12)

Dios a veces convierte a los pecadores descarados en muros de bronce para defender a Su pueblo. Dios mezcla a los malvados con los piadosos para que los piadosos sean un medio para salvar a los malvados; la belleza de la santidad posee una fuerza magnética tan fuerte que atrae incluso a los malvados. A veces, Dios hace de un esposo creyente un medio para convertir a una esposa incrédula, y de una esposa creyente un medio para convertir a un esposo incrédulo: *Pues ¿cómo sabes tú, mujer, si salvarás a tu marido? ¿O cómo sabes tú, marido, si salvarás a tu mujer?* (1 Corintios 7:16).

Los piadosos que viven entre los malvados, con su prudente

consejo y fiel ejemplo, los han ganado a abrazar la religión; si no hubiera algunos piadosos entre los malvados, ¿qué probabilidad habría, sin un milagro, de que los malvados se convirtieran? Aquellos que ahora son santos resplandecientes en el Cielo a veces fueron *necios, desobedientes, extraviados, esclavos de deleites y placeres diversos* (Tito 3:3). Pablo fue perseguidor, Agustín maniqueo[16] y Lutero monje, pero gracias al comportamiento disciplinado y santo de los piadosos, todos se convirtieron a la fe.

La décima excusa que esgrime el descontento son los talentos y dones inferiores. «No puedo hablar del Cristianismo con la fluidez ni orar con la elegancia de otros».

La gracia va más allá de los dones. Estás comparando tu gracia con los dones de otro, pero hay una gran diferencia. La gracia sin dones es infinitamente mejor que los dones sin gracia. En religión, lo esencial es lo mejor. Los dones son una obra más externa y común del Espíritu que también recae sobre los réprobos; la gracia es una obra más distintiva y es una joya que cuelga solo de los elegidos. ¿Tienes la semilla de Dios, la santa unción? Si es así, conténtate.

Dices que no puedes discutir con la fluidez de otros. La experiencia en religión va más allá de las opiniones, mientras que las impresiones van más allá de las expresiones. Judas, sin duda, pudo presentar un discurso erudito sobre Cristo, pero a la mujer del evangelio que sintió la virtud proveniente de Cristo le fue mejor (Lucas 8:47). Un corazón santificado es mejor que una lengua de plata. Hay tanta diferencia entre dones y gracias como entre un tulipán pintado en la pared y uno que crece en el jardín.

Dices que no puedes orar con la misma elegancia que otros. La oración es más un asunto del corazón que de la cabeza. En la oración, no prevalece tanto la fluidez como el fervor (Santiago 5:16),

---

16  El maniqueísmo era una religión dualista originaria de Persia. Dado que los humanos estaban mezclados con la luz y la oscuridad, se requería un conocimiento especial de sí mismos para alcanzar la salvación.

y a Dios no le impresiona tanto la elegancia del habla como la eficacia del Espíritu. La humildad es mejor que la elocuencia; aquí, quien llora es el orador. Los suspiros y los gemidos son la mejor retórica.

No estes descontento; Dios suele adecuar nuestros talentos al lugar al que Él nos llama. Algunos ocupan un lugar y función superiores; su puesto requiere más talentos y habilidades. Pero el miembro más inferior es útil en su puesto y tendrá un poder delegado para el lugar y la posición que ocupa.

La undécima excusa son los problemas de la iglesia. "Mi ansiedad y descontento no son tanto por mí como por el público. La iglesia de Dios sufre".

Confieso que es triste y debemos colgar nuestras arpas *sobre los sauces* (Salmo 137:2). Quien no es consciente del estado del cuerpo es una pierna de palo en el cuerpo de Cristo. Un cristiano no debe ser carne orgullosa, pero tampoco debe ser carne muerta. Cuando la iglesia de Dios sufre, debe compadecerse. Jeremías lloró por la virgen hija de Sión (Jeremías 14:17). Debemos sentir las fuertes ataduras de nuestros hermanos a través de nuestras suaves camas. En la música, si se toca una cuerda, todas las demás suenan; cuando Dios toca a nuestros hermanos y hermanas, nuestro corazón debe sonar *como un arpa* (Isaías 16:11). Estén atentos, pero no se dejen llevar por el descontento. Recuerden que Dios está sentado en la popa de Su iglesia (Salmo 46:5). A veces es un barco afligido y sacudido por las olas (Isaías 54:11), pero Dios puede llevarlo a puerto incluso cuando se enfrenta a tormentas en el mar. El barco de los evangelios fue sacudido porque el pecado estaba en él, pero no se hundió porque Cristo estaba en él (Marcos 4:36-40). Cristo está en el barco de esta iglesia, así que no teman hundirse; el ancla de la iglesia está en el Cielo. ¿Acaso no creemos que Dios ama a Su iglesia y la cuida tanto como lo haríamos nosotros?

Los nombres de las doce tribus estaban en el pecho de Aarón, lo que significaba cuán cerca del corazón de Dios estaba Su pueblo. Son Su porción (Deuteronomio 27:9), ¿se perderá eso? Ellos son Su gloria (Isaías 46:13), ¿será finalmente eclipsada? No, ciertamente no. Dios puede liberar a Su iglesia no solo de la oposición, sino también mediante ella; los sufrimientos de la iglesia contribuirán a su liberación. Dios siempre ha propagado la religión mediante el sufrimiento. El fundamento de la iglesia se estableció con sangre y estas lluvias de sangre la han hecho mucho más fructífera. Caín clavó el cuchillo en la garganta de Abel; desde entonces, las venas de la iglesia han sangrado, pero es como la vid que mediante la poda y el sangrado crece, y como la palmera, que cuanto más peso se le pone, más alta se eleva. La santidad y la paciencia de los santos bajo persecución han contribuido mucho al crecimiento tanto de la religión como a la corona.

Basilio y Tertuliano observaron que muchos paganos, al ver el celo y la constancia de los mártires de la iglesia primitiva, se convirtieron al cristianismo[17]. La religión florece a pesar del martirio. Isaías fue aserrado en dos y Pedro fue crucificado cabeza abajo en Roma. Cipriano, obispo de Cartago, y Policarpo de Esmirna fueron martirizados por la religión; sin embargo, en todo momento, la verdad ha sido sellada con sangre y gloriosamente dispersada[18]. Nacianceno observó que el emperador Juliano se abstuvo de perseguir, no por compasión, sino por envidia, porque la iglesia crecía y se multiplicaba tan rápido[19].

La duodécima excusa que el descontento se inventa es esta: "No es mi aflicción la que me preocupa, sino mis pecados los que me perturban y me descontentan".

---

17 Basilio el Grande (329-379) fue un teólogo de la Iglesia primitiva que defendió a la Iglesia contra el arrianismo. Tertuliano (c. 155-c. 220) fue un abogado cartaginés. Se convirtió al cristianismo en la madurez y utilizó sus habilidades como abogado y escritor para defender a la Iglesia y criticar la herejía.
18 Policarpo (69–155) fue uno de los primeros padres de la Iglesia y había sido discípulo del apóstol Juan.
19 Gregorio Nacianceno (c. 329–390), arzobispo de Constantinopla, fue un maestro de la Iglesia primitiva y teólogo.

Asegúrate de que así sea; no le mientas a Dios ni a tu propia alma. Ten la certeza de que seguirás lamentando sinceramente el pecado, incluso cuando el sufrimiento presente haya desaparecido. Pero supongamos que la excusa es real, que el pecado es la causa de tu descontento. Respondo que tu inquietud por el pecado puede ser insoportable en estos tres casos.

1. Tu inquietud puede ser inapropiada cuando es desalentadora, es decir, cuando pone el pecado por encima de la misericordia. Si Israel solo hubiera reflexionado sobre su aguijón y no hubiera mirado a la serpiente de bronce, nunca habría sido sanado. El dolor por el pecado que nos aleja de Dios no está exento de pecado, pues hay más desesperación en él que remordimiento. El alma tiene tantas lágrimas en los ojos que no puede ver a Cristo. El dolor, como tal, no salva; eso sería convertir nuestras lágrimas en Cristo. Pero es útil, pues prepara el alma, haciendo que el pecado sea vil y Cristo precioso. ¡Oh, mira a la serpiente de bronce, al Señor Jesús! La visión de su sangre te revivirá. La venda de sus méritos es más ancha que nuestra llaga. El plan de Satanás es impedirnos ver nuestros pecados o, si debemos verlos, nos vemos *abrumados por tanta tristeza* (2 Corintios 2:7). Él quiere mantenernos ignorantes o atemorizarnos, o bien apartar el espejo de la ley de nuestros ojos o bien escribir nuestros pecados con colores tan carmesí que nos hundamos en las arenas movedizas de la desesperación.

2. Cuando la tristeza nos indispone, desconecta el corazón para la oración, la meditación y la santa comunión; encierra el alma. Esto no es tristeza; es mal humor y hace a la persona más cínica que arrepentida.

3. La tristeza está fuera de lugar cuando no es oportuna. Dios nos creó para regocijarnos, pero colgamos nuestras

arpas en los sauces. Nos dice que confiemos, pero nos desplomamos y somos llevados al borde de la desesperación. Si Satanás no puede ponernos de luto, se asegurará de ponernos en él cuando sea menos apropiado. Cuando Dios nos llama de manera especial a agradecer la misericordia y a revestirnos de nuestras vestiduras blancas, Satanás nos estará poniendo de luto y vistiéndonos con un espíritu de tristeza en lugar de un manto de alabanza. Así, Dios pierde el reconocimiento de la misericordia y nosotros perdemos el consuelo.

Si tu tristeza te ha transformado y te ha preparado para Cristo, si ha elevado y fortalecido tu estima por Él, tu hambre por Él y tu dulce deleite en Él, esto es todo lo que Dios requiere. Un cristiano que se agoniza y se tortura aún más en el tormento de su propio descontento solo está pecando.

Espero haber respondido a las objeciones y excusas más materiales que este pecado de descontento se presenta. No veo ninguna razón por la que un cristiano deba estar descontento, salvo por su descontento.

## Capítulo 7

# Motivaciones para el contentamiento

Permítanme proponerles algunas cosas que pueden servir tanto para atraer como para agudizar el contentamiento. Consideren estos motivos o razones divinas que deberían estimularlos a estar contentos.

El primer motivo del contentamiento es su excelencia. El contentamiento es una flor que no crece en todos los jardines; enseña a la persona a prosperar en medio de la necesidad. Uno pensaría que sería excelente si pudiera prescribir una receta o un antídoto contra la pobreza, pero aquí hay algo aún más excelente: que una persona pase necesidad y, sin embargo, tenga lo suficiente. Solo el contentamiento de espíritu puede lograr esto. El contentamiento es un remedio contra todos nuestros problemas, un alivio para todas nuestras cargas. Es la cura para todas nuestras preocupaciones.

El contentamiento, aunque no es propiamente una gracia (es más bien una disposición mental), contiene un temperamento feliz y una mezcla de todas las gracias. Es un compuesto sumamente valioso, compuesto de fe, paciencia, mansedumbre, humildad y otros, que son los ingredientes que lo componen.

Ahora bien, existen siete tipos de excepcionales excelencias en el contentamiento.

*La primera excelencia es que un Cristiano contento lleva consigo el Cielo*; pues ¿qué es el Cielo sino ese dulce reposo y plena satisfacción que el alma tiene en Dios? En el descontento, ahí están las primicias del Cielo.

Hay dos cosas en un espíritu contento que lo hacen como el Cielo.

1. Dios está presente; algo de Dios se puede ver en ese corazón. Un cristiano descontento es como un mar agitado y tempestuoso. Cuando el agua está agitada, no se puede ver nada allí, pero cuando está tranquila y serena, entonces se puede ver el rostro en el agua (Proverbios 27:19). Cuando el corazón se enfurece por el descontento, es como un mar agitado. No se puede ver nada allí, solo pasión y murmuración; no hay nada de Dios, nada del Cielo en ese corazón. Pero en virtud del contentamiento, el corazón es como el mar cuando está tranquilo y en calma: hay un rostro resplandeciente allí. Quizás vean algo de Cristo en ese corazón, una representación de todas las gracias.

2. Hay descanso. ¡Qué sabático se guarda en un corazón contento! ¡Qué Cielo! Un cristiano contento es como Noé en el arca. Aunque el arca fue sacudida por las olas, Noé pudo sentarse y cantar en ella. El alma que está en el arca del contentamiento se sienta tranquila y navega por encima de todas las olas de la angustia. Puede cantar en esta arca espiritual. Las ruedas del carro se mueven, pero el eje permanece inmóvil; la circunferencia de los cielos rodea la tierra, pero la tierra no se mueve de su centro. Cuando nos encontramos con movimiento y cambio en las criaturas que nos rodean, un espíritu contento no se conmueve ni se mueve de su centro. Las aspas de un

molino se mueven con el viento, pero el molino mismo permanece inmóvil, símbolo de contentamiento. Cuando nuestra condición exterior se mueve con el viento de la Providencia, el corazón permanece sereno gracias al santo contentamiento, y cuando otros son como el mercurio, temblando y estremeciéndose por la inquietud, el espíritu contento puede decir como David: *Oh Dios, mi corazón está firme* (Salmo 57:7). ¿Qué es esto sino un trocito del Cielo?

*La segunda excelencia es que todo lo que falta o es defectuoso en la criatura se compensa con el contentamiento.* Los cristianos pueden carecer de las comodidades, la tierra y las posesiones que otros tienen, pero Dios ha infundido en sus corazones el contentamiento, que es mucho mejor. En este sentido, esto es cierto en el caso de nuestro Salvador: *recibirá cien veces más* (Mateo 19:29). Quizás quienes se arriesgaron por Cristo nunca recuperarán sus casas ni sus tierras, pero Dios les da un espíritu contento y esto genera gozo en el alma, un gozo infinitamente más dulce que todas las casas y tierras que dejaron por Cristo. Fue triste ver las comodidades externas de David, al ser expulsado, como algunos piensan, de su reino; sin embargo, en cuanto a la dulce satisfacción que encontró en Dios, tuvo más consuelo que los hombres en tiempos de cosecha y vendimia (Salmo 4:7). Una persona puede tener casa y tierras para vivir y otra no tener nada, solo un pequeño negocio; sin embargo, incluso eso le proporciona un sustento. Un cristiano puede tener poco en el mundo, pero se dedica al negocio de la satisfacción, de modo que sabe cómo vivir en la necesidad, así como en la abundancia. ¡Oh, el singular arte, o mejor dicho, el milagro, del contentamiento! Los malvados suelen ansiar disfrutar de todo; el cristiano contento se siente bien en la carencia de todo.

Pero ¿cómo llega un cristiano a estar contento con la escasez de comodidades externas? El cristiano encuentra contentamiento en las promesas de Dios. Es pobre en dinero, pero rico en promesas. Hay una promesa que trae dulce contentamiento al alma: *los que buscan al Señor no carecerán de bien alguno* (Salmo 34:10). Si lo que deseamos es bueno para nosotros, lo tendremos; si no es bueno, entonces el no tenerlo nos beneficia. Descansar satisfechos con la promesa da contentamiento.

*La tercera excelencia es que el contentamiento nos prepara para servir a Dios*; engrasa los engranajes del alma y la hace más ágil. Calma el corazón y lo prepara para la oración y la meditación. ¿Cómo pueden ustedes, quienes están en un frenesí de dolor o descontento, *asegurar vuestra constante devoción al Señor* (1 Corintios 7:35)? El contentamiento prepara y afina el corazón. Primero se prepara la viola y se tallan las cuerdas antes de tocar un poco de música; cuando el corazón de un cristiano se siente atraído por este estado celestial de contentamiento, entonces es apto para el deber. Un cristiano descontento es como Saúl cuando el espíritu maligno lo acometió: ¡Oh, qué conflicto y discordia provoca en la oración! Cuando un ejército se desorganiza, entonces no es apto para la batalla; cuando nuestros pensamientos están dispersos y distraídos por las preocupaciones de esta vida, no somos aptos para la devoción. El descontento desvía el corazón de su enfoque total en Dios y lo fija en cambio en el problema presente, de modo que nuestra mente no está en la oración, sino en nuestra cruz.

El descontento desmembra el alma e imposibilita al cristiano servir a Dios con firmeza y alegría. ¡Cuán débil es su devoción! La persona descontenta solo le da a Dios la mitad y su religión no es más que ejercicio corporal; le falta un alma que la anime. David no ofreció a Dios lo que no le costó nada (2 Samuel 24:24). Donde hay demasiadas preocupaciones mundanas, hay muy poco costo espiritual en nuestro servicio. La persona descontenta cumple con sus deberes a medias; es como Efraín, *una torta no volteada* (Oseas 7:8). Es un pastel horneado por un lado; le da a Dios lo externo, pero no la parte espiritual. Su corazón no está en su servicio. Está horneado por un lado, pero el otro es masa. ¿Qué provecho hay en esos servicios crudos e impropios? Quien solo le da a Dios la piel de la adoración solo puede esperar la cáscara de la comodidad. El contentamiento enmarca el corazón y compone nuestra alma; solo entonces le damos a Dios la esencia y el espíritu de nuestro servicio. Entonces el corazón del cristiano es decidido y serio. Hay deberes que no podemos cumplir como deberíamos sin contentamiento.

1. No podemos regocijarnos en Dios si estamos descontentos. ¿Cómo puede regocijarse quien está descontento? Es más apto para quejarse que para regocijarse.

2. Sin contentamiento, no podemos agradecer la misericordia. ¿Puede una persona descontenta ser agradecida? Puede estar inquieta, pero no agradecida.

3. Una persona descontenta no puede justificar las acciones de Dios. ¿Cómo puede hacerlo quien está descontento con su condición (Esdras 9:13)? Será más propenso a censurar la sabiduría de Dios que a vindicar Su justicia. Oh, cuán excelente es el contentamiento que prepara y, por así decirlo, afina el corazón para el servicio. De hecho, el contentamiento hace que nuestros deberes no solo sean ligeros y ágiles, sino también aceptables. Es esto lo que les da belleza y valor, porque el contentamiento tranquiliza el alma.

Ahora bien, no se puede hacer nada con la leche cuando se revuelve, pero si se deja reposar un rato, se convierte en crema. Cuando el corazón se agita con la ansiedad y el descontento, no se puede hacer nada con esos deberes. ¡Qué superficiales, qué fugaces, qué secos son! Pero cuando el corazón se tranquiliza con santa satisfacción, ahora hay algún valor en nuestros deberes; ahora se convierten en crema.

La cuarta excelencia es que la satisfacción es el arco espiritual, o pilar, del alma; nos prepara para soportar las cargas. Aquel cuyo corazón está dispuesto a hundirse bajo el más mínimo pecado, en virtud de la satisfacción, tiene un espíritu invencible ante el sufrimiento. Un cristiano satisfecho es como la manzanilla: cuanto más se la pisa, más crece. Así como las medicinas eliminan la enfermedad del cuerpo, el contentamiento elimina los problemas del corazón. Argumenta: "Si estoy bajo reproche, Dios puede vindicarme; si estoy en necesidad, Dios puede aliviarme" (2 Reyes 3:17). El santo contentamiento evita que el corazón desfallezca. En otoño, cuando el fruto y las hojas se caen de los árboles, aún hay savia en la raíz; cuando llega el otoño a nuestra felicidad externa y las hojas de nuestro patrimonio se caen, aún hay la savia del contentamiento en el corazón. Un cristiano aún tiene vida interior cuando sus comodidades externas no florecen.

El corazón contento nunca está descorazonado. El contentamiento es un escudo de oro que repele el desánimo. La humildad es como el plomo de la red de pesca, que mantiene el alma hundida cuando se eleva por la pasión, y el contentamiento es como el corcho, que mantiene el corazón en alto cuando se hunde por el desánimo. El contentamiento es el gran soporte; es como la viga que soporta cualquier peso que se le ponga encima; no, es como una roca que rompe las olas.

Es extraño observar la misma aflicción sobre dos hombres; cuán diferente se comportan bajo ella. El cristiano satisfecho es como Sansón, quien cargó las puertas de la ciudad a sus espaldas (Jueces 16:3); puede irse con su cruz alegremente y no le da importancia. El otro es como Isacar, abatido bajo su carga (Génesis 49:14). La razón es que uno está descontento y eso genera desmayo. El descontento aumenta el dolor y el dolor rompe el corazón. Cuando este nervio sagrado del contentamiento comienza a menguar, cojeamos bajo nuestras aflicciones. No sabemos con qué cargas Dios nos puede imponer, por lo que necesitamos preservar el contentamiento. Según sea nuestro contentamiento, así será nuestro valor. Con sus cinco piedras y su honda, David desafió a Goliat y lo venció. Lleva el contentamiento a la honda de tu corazón y, con esta piedra sagrada, podrás desafiar al mundo y conquistarlo. Podrás romper esas aflicciones que de otro modo te quebrantarían.

*La quinta excelencia del contentamiento es que previene muchos pecados y tentaciones.* Primero, previene muchos pecados. Donde falta contentamiento, no falta pecado. El descontento con nuestra condición es un pecado que no solo nos acompaña, sino que es como el primer eslabón de la cadena que arrastra a todos los demás. En particular, hay dos pecados que el contentamiento previene: la impaciencia y la queja.

El descontento y la impaciencia son gemelos: *Este mal viene del SEÑOR; ¿por qué he de esperar más en el SEÑOR?* (2 Reyes 6:33), como si Dios estuviera obligado a darnos su misericordia justo cuando la deseamos. La impaciencia no es un pecado pequeño, como verán si consideran de dónde proviene. Proviene de la falta de fe. La fe da la idea correcta de Dios; es una gracia inteligente. Cree que la sabiduría de Dios templa y Su amor endulza todos los ingredientes. Esto produce paciencia: *La copa que el Padre me ha dado, ¿acaso no la he de beber?* (Juan 18:11). La impaciencia es hija de la infidelidad. Si un paciente tiene una mala opinión del médico e imagina que viene a envenenarlo, no tomará ninguna de sus recetas; cuando tenemos prejuicios contra Dios y la idea de que Él viene a matarnos y a destruirnos, entonces nos enfurecemos y gritamos como un necio (es el símil de Crisóstomo): "¡Quita la venda!", aunque es necesaria para la curación. ¿No es mejor que la venda irrite un poco a que la herida supure y nunca sane?

La impaciencia proviene de la falta de amor a Dios. Soportaremos la represión de quienes amamos no solo con paciencia, sino también con agradecimiento; el amor *no toma en cuenta el mal recibido* (1 Corintios 13:5). Pone el brillo más justo y sincero en las acciones de un amigo; el amor *cubre multitudes de pecados* (1 Pedro 4:8). Si fuera posible que Dios cometiera el más mínimo error, lo cual sería una blasfemia pensar, entonces el amor cubriría ese error. El amor ve todo bajo la mejor luz, nos hace soportar cualquier golpe. *Todo lo soporta* (1 Corintios 13:7). Si amáramos a Dios, tendríamos paciencia.

La impaciencia se debe a la falta de humildad. Una persona impaciente nunca se ha humillado bajo el peso del pecado. Quien estudia sus pecados, la infinidad de ellos, cómo se entrelazan y se acentúan con tristeza, es paciente y dice: "Soportaré la indignación del Señor porque he pecado contra Él". El ruido mayor ahoga al menor; cuando el mar ruge, los ríos se calman. Quien reflexiona mucho sobre su pecado guarda silencio y se asombra, se pregunta por qué no es peor en él. ¡Cuán grande es este pecado de impaciencia! ¡Y cuán excelente es el contentamiento, un contrapeso contra este pecado! El cristiano contento, creyendo que Dios todo lo hace con amor, es paciente y no tiene ni una palabra que decir, a menos que sea para justificar a Dios.

El segundo pecado que el contentamiento previene es la murmuración y la queja. Este pecado es un grado superior a la impaciencia; murmurar es discutir con Dios y enfurecerse contra Él; *El pueblo habló contra Dios* (Números 21:5). Si interpretamos lo que dice el murmurador, está diciendo que Dios no lo ha tratado bien y que merecía algo mejor. El murmurador acusa a Dios de necedad. Este es el lenguaje, o mejor dicho, la blasfemia, de un espíritu murmurador. Dios debería haber sido más sabio y mejor. El murmurador es un amotinado. Los israelitas son llamados en el mismo texto murmuradores y rebeldes (Números 17:10) y ¿no es la rebelión igual que el pecado de brujería? Tú, que murmuras, eres ante Dios igual que una bruja, un hechicero, alguien que trata con el diablo; esto es un pecado de primera magnitud. La murmuración a menudo termina en maldición: la madre de Miqueas empezó a maldecir cuando le quitaron sus talentos de plata (Jueces 17:2) y lo mismo hace el murmurador cuando le quitan parte de sus bienes. Nuestra murmuración es la música del diablo. Este es el pecado que Dios no puede soportar: *¿Hasta cuándo tendré que sobrellevar a esta congregación malvada que murmura contra mí?* (Números 14:27). Es un pecado que afila la espada contra un pueblo; es un pecado que destruye la tierra: *Ni murmuréis, como algunos de ellos murmuraron, y fueron destruidos por el destructor* (1 Corintios 10:10). Este pecado está madurando; sin misericordia, acelerará los funerales de nuestra nación.

¡Cuán excelente es, entonces, el contentamiento, que previene este pecado! Estar contento y, sin embargo, murmurar es solo una justificación a medias; un cristiano contento acepta su condición actual y no murmura. En cambio, admira. He aquí la excelencia del contentamiento: es un antídoto espiritual contra el pecado.

El contentamiento previene muchas tentaciones; el descontento es un demonio que siempre tienta. Incita a la gente a adoptar métodos desviados. Los pobres y descontentos intentarán cualquier cosa; acudirán al diablo en busca de riquezas. Los orgullosos y descontentos se ahorcarán, como hizo Ahitofel cuando su consejo fue rechazado (2 Samuel 17:23). Satanás se aprovecha del descontento; le encanta pescar en estas aguas turbulentas.

El descontento eclipsa la razón y debilita la fe, y la estrategia de Satanás es romper el cerco donde es más débil. El descontento abre una brecha en el alma, y, generalmente, en esta brecha, el diablo entra mediante una tentación y la asalta. ¿Con qué facilidad puede el diablo, con su lógica, convencer a un cristiano descontento para que peque? Argumenta así: "Quien está necesitado debe salvarse a sí mismo. Tú ahora estás necesitado; por lo tanto, debes intentar salvarte a ti mismo".

Para confirmar su conclusión, tienta con el fruto prohibido, sin distinguir entre lo necesario y lo lícito. "¿Qué?", dice. "¿No tienes con qué ganarte la vida? No seas tan necio como para morirte de hambre; aprovecha cada oportunidad, sea buena o mala. *Come pan de maldad y bebe vino de violencia* (Proverbios 4:17)". Ves cómo la persona descontenta es presa de la triste tentación de robar y tomar el nombre de Dios en vano. El contentamiento es un escudo contra la tentación, pues quien está contento sabe tan bien cómo pasar necesidad como tener abundancia. No pecará para ganarse la vida. Aunque su comida y provisiones escaseen, está contento. Vive como las aves del cielo de la providencia de Dios y no duda de que tendrá lo suficiente para pagar su pasaje al Cielo.

El descontento también nos tienta al ateísmo y la apostasía. El descontento pregunta: "Si hay un Dios que cuida de las cosas aquí abajo, *¿permitiría que quienes* anden *de duelo delante del Señor de los ejércitos* pasen necesidad?" (Malaquías 3:14). "¡Deshazte de las vestiduras de Cristo, abandona la religión!". La esposa de Job, descontenta con su condición, le dijo a su esposo: *¿Aún conservas tu integridad?* (Job 2:9). Era como si le hubiera dicho: "¿No ves, Job, qué ha sido de tu religión? Temes a Dios y te apartas del mal (Job 1:8), pero ¿en qué te beneficias? Mira cómo Dios vuelve Su mano contra ti. Te ha castigado en tu cuerpo, tus posesiones y tu familia, ¿y aún conservas tu integridad? ¿Qué? ¿Aún eres devoto? ¿Aún lloras y le rezas? ¡Necio, abandona la religión! ¡No creas en Dios!".

Esta fue una dolorosa tentación que el diablo le infligió a Job a través de su esposa descontenta. Solo la gracia de Dios, como un escudo de oro, evitó el golpe que le asestó en el corazón: *Como habla cualquier mujer necia, has hablado* (Job 2:10). La persona descontenta pregunta: "¿De qué me vale servir al Todopoderoso? Quienes nunca se preocupan por la religión son los que prosperan, y yo, mientras tanto, estoy necesitado. Mejor abandonaría esta religión si esta es mi única recompensa". Esta es una tentación angustiosa y a menudo prevalece. El ateísmo es el fruto que crece de la flor del descontento.

¡Oh, vean la excelencia del contentamiento! Repele esta tentación. "Si Dios es mío", dice el espíritu contento, "es suficiente. Aunque no tengo propiedades ni posesiones, Su sonrisa llena el cielo. *Porque mejores son tus amores que el vino* (Cantares 1:2); *¿No es mejor el rebusco de Efraín que la vendimia de Abiezer?* (Jueces 8:2). Tengo pocas posesiones, pero mucha esperanza; mis ingresos son escasos, pero Su promesa es la vida eterna. Soy perseguido por la malicia, pero mejor es la piedad perseguida que la maldad próspera". El contentamiento divino es un antídoto espiritual contra el pecado y la tentación.

*La sexta excelencia del contentamiento es que endulza toda condición*. Cristo convirtió el agua en vino y el contentamiento convierte las aguas de Mara en vino espiritual (Éxodo 15:23). ¿Tengo solo un poco? Es más de lo que merezco o puedo discutir. Esta pequeña cantidad es fruto de la misericordia; es el fruto de la sangre de Cristo. Es el legado de la gracia inmerecida. Un pequeño regalo enviado por un rey es muy preciado. Lo poco que tengo es con buena conciencia; no son *aguas hurtadas* (Proverbios 9:17); la culpa no la ha enturbiado ni envenenado. Fluye pura. Este poco es prenda de más: este trocito de pan es garantía del pan que comeré en el reino de Dios. Esta pequeña agua embotellada es garantía del néctar celestial que se destilará de la Vid verdadera. ¿Llevaré cruces? Mi consuelo es que, si son pesadas, no tengo que ir muy lejos. Llevaré mi cruz al Gólgota y allí la dejaré. Mi cruz es ligera comparada con el peso de la gloria (2 Corintios 4:17). ¿Me ha quitado Dios mis consuelos? Está bien; el Consolador aún permanece. Así, el contentamiento, como un panal, deja caer dulzura en cada condición. El descontento es una levadura que agria todo consuelo; pone amargura en el pecho de la criatura. Disminuye toda misericordia, triplica toda cruz; pero el espíritu contento absorbe la dulzura de cada flor de la providencia. Puede convertir el veneno en dulce jarabe. La satisfacción está llena de consuelo.

*El contentamiento tiene otra excelencia, una séptima: es el mejor comentarista de la providencia.* Ofrece una interpretación justa de todos los actos de Dios. El contentamiento interpreta incluso la providencia más oscura y sangrienta de Dios en el mejor sentido. Puedo decir del contentamiento, como apóstol de la caridad, *que no guarda rencor.* El contentamiento dice que la enfermedad es el horno de Dios para refinar su oro y hacerlo brillar aún más. La prisión es una capilla o casa de oración. ¿Y si Dios derrite mi cuerpo y mis cosas terrenales? Quizás vio que mi corazón se enamoró demasiado de ellas. Si hubiera permanecido demasiado tiempo en esos ricos pastos, me habría atiborrado en exceso, y cuanto mejor fuera mi situación, peor habría estado mi alma.

Dios es sabio; ha hecho esto ya sea para evitar algún pecado o para ejercer alguna gracia. ¡Qué bendita disposición de corazón es esta! Un cristiano contento es un defensor de Dios contra la incredulidad y la impaciencia. El descontento, sin embargo, le quita todo a Dios en el peor sentido; lo acusa y lo censura. Este mal que siento es un síntoma de un mal mayor; Dios está a punto de destruirme. El Señor nos ha traído aquí, al desierto, para matarnos. El alma contenta lo acepta todo bien y cuando su condición es la más difícil, puede decir: *Ciertamente Dios es bueno* (Salmo 73:1).

La segunda motivación para el contentamiento es que los cristianos ya tienen aquello que puede hacerlos felices. ¿Acaso

Dios no les ha dado a Cristo? En Él hay riquezas inescrutables (Efesios 3:8). Él es una mina de oro de sabiduría y gracia que ni los santos ni los ángeles podrían llegar a su fondo. Séneca le dijo a su amigo Polibio: "Nunca te quejes de tu mala fortuna mientras César sea tu amigo". Así que le digo a un creyente: nunca te quejes mientras Cristo sea tu amigo; Él es una perla enriquecedora, un diamante resplandeciente. El brillo infinito de Sus méritos nos hace brillar a los ojos De Dios (Efesios 1:6-7). En Él hay plenitud y dulzura; Él es indescriptiblemente bueno. Eleva tus pensamientos a la cima más alta, extiéndelos hasta el límite, permíteles alcanzar toda su amplitud y extensión; aun así, se quedarán infinitamente cortos de estos tesoros indescriptibles e inagotables que se encuentran encerrados en Jesucristo. ¿Acaso no es eso suficiente para dar contentamiento al alma? Un cristiano que carece de lo necesario, pero tiene a Cristo, posee lo único necesario (Lucas 10:42).

Tu alma está ejercitada y esmaltada con las gracias del Espíritu, ¿no es eso suficiente para dar contentamiento? La gracia es de nacimiento divino, es la nueva plantación. Es la flor del paraíso celestial, el bordado del Espíritu, la semilla de Dios (1 Juan 3:9). Es la unción sagrada (1 Juan 2:27). Es el retrato de Cristo en el alma; es el fundamento mismo sobre el cual se establece el marco de la gloria. ¡La gracia es de valor infinito! ¡La fe es una joya! Se la llama acertadamente fe preciosa (2 Pedro 1:1). ¿Qué es el amor sino un destello divino en el alma? Un alma embellecida con la gracia es como una habitación ricamente adornada con tapices o el firmamento adornado con estrellas brillantes. Estas son las riquezas verdaderas (Lucas 16:11), que no pueden existir sin condenación. ¿Acaso no hay suficiente aquí para dar contentamiento al alma? Todas las demás cosas son como las alas de una mariposa; están pintadas con extravagancia, pero nos ensucian los dedos.

Las riquezas terrenales, dijo Agustín, están llenas de

pobreza; de hecho lo están, pues no pueden enriquecer el alma. A menudo, bajo la ropa de seda, se esconde un alma raída. Son corruptibles: *las riquezas no son eternas*, como dijo el sabio (Proverbios 27:24). El Cielo es un lugar donde no hay oro ni plata. Un creyente es *rico para con Dios* (Lucas 12:21); ¿por qué, entonces, estás descontento? ¿Acaso Dios no te ha dado lo mejor del mundo? ¿Qué importa si no te da la caja si te da la joya? ¿Y si te niega los centavos si te paga con una moneda mejor? Te da oro, misericordias espirituales. ¿Y si se acaba el agua de la botella? Tienes suficiente en la fuente.

Quienes tienen la plenitud de Dios no tienen por qué quejarse del vacío del mundo. David dijo: *El SEÑOR es la porción de mi herencia* (Salmo 16:5); así que, que las fichas caigan donde caigan. En un lecho de enfermo o en la cárcel, diré: "He llegado a un lugar agradable. Sí, tengo una herencia agradable y sustancial". ¿No eres heredero de todas las promesas? ¿No tienes la promesa del Cielo? Al renunciar a tu vida natural, ¿no estás seguro de la vida eterna? ¿No te ha dado Dios las arras y las primicias de la gloria? ¿No es esto suficiente para que el corazón se sienta contento?

El tercer argumento para el contentamiento es que, si no estamos contentos, contradecimos nuestras propias oraciones. Oramos: *Hágase tu voluntad* (Mateo 6:10), pero es la voluntad de Dios que estemos en tal condición. Él lo ha decretado y ve lo mejor para nosotros. ¿Por qué, entonces, murmuramos y nos sentimos descontentos por aquello por lo que oramos? O no somos sinceros en nuestra oración, lo cual demuestra hipocresía, o nos contradecimos, lo cual demuestra necedad.

La cuarta motivación para estar contentos es que cuando estamos contentos, Dios logra lo que se propuso y Satanás yerra su propósito.

1. Dios tiene Su intención y su fin. La intención de Dios en toda Su providencia es que el corazón se someta y

esté contento. De hecho, esto le agrada mucho a Dios; le encanta ver a Sus hijos satisfechos con la porción que Él les da y les asigna. Le complace vernos contentos. Cuando nos sometemos a la providencia de Dios, Él obtiene lo que Él quería.

2. Satanás yerra su intento. El diablo, aunque con el permiso de Dios, hirió a Job en su cuerpo y sus bienes para confundir su mente. Afligió el cuerpo de Job a propósito para perturbar su espíritu. Esperaba infundir en Job un espíritu de descontento y que, en su pasión, se enfureciera contra Dios. Pero Job estaba tan contento con su condición que vino a bendecir a Dios y defraudó a Satanás de su esperanza. *El diablo echará a algunos de vosotros en la cárcel* (Apocalipsis 2:10). ¿Por qué nos encarcela el diablo? No es tanto que quiera dañar nuestros cuerpos como que quiere perturbar nuestras mentes. Ese es su objetivo. Quiere aprisionar nuestra satisfacción y perturbar el movimiento normal de nuestras almas; este es su designio. No es tanto ponernos en una prisión como ponernos en una pasión que intenta hacerlo; pero mediante el santo contentamiento, Satanás pierde su presa. Pierde su propósito. El diablo nos ha engañado a menudo; la mejor manera de engañarlo es estando contentos en medio de la tentación. Nuestro contentamiento descontentará a Satanás.

¡Oh, no complazcas a nuestro Enemigo! El descontento es el deleite del diablo; quiere que estemos descontentos. Le encanta calentarse en el fuego de nuestras pasiones. El arrepentimiento es el gozo de los ángeles y el descontento es el gozo de los demonios. Así como el diablo baila ante la discordia, canta ante el descontento. El fuego de nuestras pasiones convierte al diablo en una hoguera. Es una especie de paraíso para él vernos torturarnos con nuestros propios problemas, pero, mediante el santo contentamiento, frustramos su propósito y lo confundimos y confundimos.

El quinto motivo para estar contento es que, mediante el contentamiento, el cristiano se vence a sí mismo. Que una persona pueda gobernar su propio espíritu es la conquista más noble de todas. La pasión denota debilidad. Estar descontento es propio de la carne y la sangre, pero estar contento en cualquier situación —reprochado, pero contento; encarcelado, pero contento—, esto es innato. Esto es parte de ese santo valor y caballerosidad que solo un espíritu divino puede infundir. Tener un espíritu sereno y paciente en medio de las afrentas y los cambios del mundo es una conquista digna de la corona de honor. El santo Job, despojado de todo, dejó su manto escarlata y abrazó el muladar (¡una triste catástrofe!), pero había aprendido a estar contento. Se dice que *postrándose en tierra, adoró* (Job 1:20). Uno habría pensado que se postraría y blasfemaría, pero no, se postró y adoró. Adoró la justicia y la santidad de Dios. ¡Contemplen la fuerza de la gracia! Aquí hubo una humilde sumisión, pero una noble conquista; obtuvo la victoria sobre sí mismo. No es gran cosa que una persona ceda a sus propias pasiones; es fácil hacerlo. Pero contentarse con negarse a sí mismo, eso es sagrado.

El sexto gran motivo para cultivar el contentamiento en el corazón es la consideración de que toda la providencia de Dios, por difícil o cruenta que sea, beneficiará al creyente. *Sabemos que para los que aman a Dios, todas las cosas cooperan para bien* (Romanos 8:28). No solo todo lo bueno, sino también todo lo malo, contribuyen al bien. ¿Deberíamos estar descontentos con aquello que nos beneficia? Supongamos que nuestros problemas se entremezclan y llenan de tristeza. ¿Qué pasaría si la enfermedad, la pobreza, el oprobio y los litigios se unieran en nuestra contra? Todo obrará para bien; nuestras dolencias serán nuestras medicinas. ¿Nos lamentaremos por aquello que sin duda nos beneficiará? *Luz resplandece en las tinieblas para el que es recto* (Salmo 112:4). La aflicción puede llamarse Mara; es amarga, pero es física.

Dado que esto es tan reconfortante y puede ser un excelente remedio contra el descontento, lo ampliaré un poco. Cabe preguntarse cómo los males de la aflicción obran para bien. Hay varias maneras.

En primer lugar, son disciplinarias; las aflicciones nos enseñan. El salmista, tras describir con gran elegancia los problemas de la iglesia en el Salmo 74, le puso el título Masquil al salmo, que significa un salmo que instruye. Lo que instruye obra para bien. Dios a veces nos somete a la vara negra, pero es una vara de disciplina: *Oíd, oh tribu, ¿quién ha señalado su tiempo?* (Miqueas 6:9). Dios hace de nuestra adversidad nuestra universidad. La aflicción es un predicador. *Tocad trompeta en Tecoa* (Jeremías 6:1). La trompeta debía predicar al pueblo: *Sé precavida, oh Jerusalén* (Jeremías 6:8). A veces Dios le dice al ministro que alce *su voz como trompeta* (Isaías 58:1); aquí le dice a la trompeta que alce su voz como un ministro.

Las aflicciones nos enseñan humildad. Generalmente somos prósperos y orgullosos. Las correcciones son los corrosivos de Dios para devorar la carne orgullosa. Jesucristo es *el lirio de los valles* (Cantares 2:1); Él mora en un corazón humilde. Dios nos lleva al valle de lágrimas para que Él nos lleve al valle de la humildad. *Acuérdate de mi aflicción y de mi vagar, del ajenjo y de la amargura. Ciertamente lo recuerda y se abate mi alma dentro de mí* (Lamentaciones 3:19-20). Cuando las personas se ensoberbecen demasiado, Dios no tiene mejor remedio que prepararles una copa de amargo ajenjo. Las aflicciones se comparan con espinas (Oseas 2:6); las espinas de Dios sirven para pinchar el globo del orgullo.

Supongamos que un hombre corre hacia otro con una espada

para matarlo, pero, accidentalmente, solo apuñala su absceso de orgullo; esto le beneficia. La espada de Dios sirve para liberar el absceso del orgullo. ¿Acaso aquello que nos hace humildes nos hará descontentos?

Las aflicciones nos enseñan arrepentimiento. *Me has castigado, y castigado fui... Me arrepentí, y después que comprendí, me di golpes en el muslo* (Jeremías 31:18-19). El arrepentimiento es el fruto precioso que crece en la cruz. Al destilar agua de rosas, se coloca el fuego bajo el alambique y entonces el agua gotea de las rosas; las aflicciones ardientes hacen que las aguas del arrepentimiento gotean y se destilan de los ojos. ¿Hay aquí alguna razón para estar descontento?

Las aflicciones nos enseñan a orar mejor. *Susurraban una oración, cuando tu castigo estaba sobre ellos* (Isaías 26:16). Antes, decían una oración; ahora derraman una oración. Jonás dormía en la barca, pero estaba despierto y orando en el vientre de la ballena. Cuando Dios nos somete a las llamas de la aflicción, nuestros corazones arden aún más. Dios ama que Sus hijos estén poseídos por un espíritu de oración. Nunca David, el dulce cantor de Israel, afinó su arpa con tanta melodía, nunca oró mejor que cuando estaba en las aguas. Las aflicciones mejoran la disciplina de la oración; ¿estaremos descontentos con lo que es para nuestro bien?

En segundo lugar, las aflicciones nos prueban. *Porque tú nos has probado, oh Dios; nos has refinado como se refina la plata. Nos metiste en la red; carga pesada pusiste sobre nuestros lomos* (Salmo 66:10). El oro no empeora por ser probado, ni el trigo por ser avivado. La aflicción es el modelo de la sinceridad; prueba de qué metal estamos hechos. La aflicción es el aventador y la criba de Dios, que separa el grano de la paja. Es bueno que las personas sean reveladas y conocidas. Algunos sirven a Dios por las ventajas; son como el pescador que usa la red solo para pescar: pescan con la red de la religión solo para alcanzar el progreso. La aflicción revela a estas personas. Los hipócritas fracasarán en la tormenta; la verdadera gracia perdura en el invierno. La fe preciosa es aquella que, como las estrellas, brilla con más fuerza en la noche más oscura. Es bueno que nuestras gracias sean puestas a prueba; cuando lo son, tenemos el consuelo y el evangelio tiene la honra. ¿Por qué, entonces, estar descontentos?

En tercer lugar, las aflicciones obran para nuestro bien porque expulsan el pecado. ¿Deberíamos descontentarnos por esto? ¿Qué pasa si tengo más problemas pero menos pecado? El día más brillante tiene sus nubes; el oro más puro, su escoria. El alma más refinada tiene menos corrupción, pero aún la tiene. Los santos no pierden nada en el horno excepto lo que les sobra: su escoria. ¿No es esto para nuestro bien? ¿Por qué, entonces, murmuramos? *Yo he venido para echar fuego sobre la tierra* (Lucas 12:49). Tertuliano entiende que esto es el fuego de la aflicción. Dios lo hace como el fuego de los tres hijos de Israel, que quemó solo sus ataduras y los liberó en el horno (Daniel 3:24-25). El fuego de la aflicción sirve para quemar las ataduras de la iniquidad. *Así pues, con esto la iniquidad de Jacob será perdonada, y este será todo el fruto del perdón de su pecado* (Isaías 27:9).

Cuando la aflicción o la muerte llegan a los malvados, les quita el alma; cuando llega a los piadosos, solo les quita el pecado. ¿Hay alguna razón para estar descontentos? Dios nos sumerge en las aguas saladas de la aflicción para que Él pueda empapar nuestras manchas. El pueblo de Dios es Su labranza (1 Corintios 3:9). Arar la tierra mata la maleza y rastrillar la tierra deshace los terrones duros. El arado que Dios hace de nosotros mediante la aflicción es para matar la maleza del pecado. Dios nos rastrilla para romper los terrones duros de la impenitencia para que nuestros corazones estén más preparados para recibir las semillas de la gracia. Si esta es la razón, ¿por qué deberíamos estar descontentos? En cuarto lugar, las aflicciones ejercitan y aumentan nuestra gracia. Las aflicciones ejercen la gracia. Insuflan nuestra gracia. Todo está en su mejor momento cuando más se usa. Nuestra gracia, aunque no puede estar muerta, puede estar dormida y necesita ser despertada. ¡Qué apagado es el fuego cuando se esconde entre las brasas, o el sol cuando se oculta tras una nube! Un enfermo vive, pero no está vivo; las aflicciones despiertan y despiertan la gracia. A Dios no le agrada ver la gracia en el eclipse. La fe se manifiesta en sus actos más puros y nobles en tiempos de aflicción. Dios hace de la caída de la hoja la fuente de nuestras gracias. ¿Qué importa si nos aflige, si nuestras gracias son más activas?

Las aflicciones aumentan la gracia. Así como el viento sirve para aumentar y avivar la llama, así las ráfagas ventosas de la aflicción aumentan y avivan nuestras gracias. La gracia no se consume en el horno, sino que es como el aceite de la viuda en la botella, que aumenta al derramarse. La antorcha, cuando se golpea, arde con más fuerza, y así también la gracia cuando se ejercita en el sufrimiento. Las fuertes heladas nutren el buen trigo y las fuertes aflicciones alimentan la gracia. Algunas plantas crecen mejor a la sombra que al sol, como el laurel y el ciprés; la sombra de la adversidad es mejor para algunos que el sol de la prosperidad. Los naturalistas observan que algunas coles crecen mejor cuando se riegan con agua salada que con agua dulce. De la misma manera, algunas personas prosperan mejor en el agua salada de la aflicción. ¿Deberíamos estar descontentos con aquello que nos hace crecer y producir más fruto?

En quinto lugar, estas aflicciones traen más de la presencia inmediata de Dios a nuestras almas. Cuando somos más agredidos, seremos más asistidos: *Yo estaré con él en la angustia* (Salmo 91:15). No puede ser malo para la persona a quien Dios apoya con Su poderosa presencia y endulza la prueba presente con Su presencia misericordiosa. Dios estará con nosotros en la angustia, no solo para contemplarnos, sino también para sostenernos, como lo hizo con Daniel en el foso de los leones y con los tres hijos de Israel en el horno de fuego. ¿Qué importa si tenemos más problemas que otros si tenemos más de Dios con nosotros que otros? Nunca recibimos sonrisas más dulces del rostro de Dios que cuando el mundo comienza a verse extraño: *Tus estatutos han sido mis cánticos*. ¿Dónde? No cuando David estaba en el trono, sino *en la casa de mi peregrinación* (Salmo 119:54). Leemos que el Señor no estaba en el viento, ni en el terremoto, ni en el fuego (1 Reyes 19:11-12). Pero, en sentido metafórico y espiritual, cuando el viento de la aflicción sopla sobre un creyente, Dios está en el viento; cuando el fuego de la aflicción lo enciende, Dios está en el fuego para santificarlo, apoyarlo y endulzarlo. Si Dios está con nosotros, el horno se convertirá en una fiesta, la prisión en un paraíso y el terremoto en una danza alegre. ¿Por qué debería estar descontento cuando tengo más compañía en Dios?

Sexto, estos males de la aflicción son para bien porque traen consigo certificados del amor de Dios y evidencian Su favor especial. La aflicción es el uniforme del santo; es una insignia y un reconocimiento de honor. Que el Dios de gloria haya mirado a un gusano y se haya fijado tanto en él que lo aflija antes que perderlo, es un gran acto de favor. La vara de Dios es un cetro de dignidad. Job dice que la aflicción de Dios nos magnifica (Job 7:17). Para algunos, la prosperidad ha sido su vergüenza, pero para otros, la aflicción ha sido su corona.

Séptimo, estas aflicciones obran para nuestro bien porque nos producen *un eterno peso de gloria que sobrepasa toda comparación* (2 Corintios 4:17). Lo que obra para mi gloria en el Cielo, obra para mi bien. No leemos en las Escrituras que nuestro honor o nuestras riquezas nos produzcan un peso de gloria, sino que nuestras aflicciones sí. ¿Deberíamos estar descontentos con lo que obra para nuestra gloria? Cuanto más pesado es el peso de la aflicción, más pesado es el peso de la gloria; no es que nuestro sufrimiento merezca gloria, como maliciosamente explican los católicos romanos. Pero aunque no son la causa de nuestra corona, las aflicciones son el camino a ella, y Dios nos hace, como a nuestro Capitán, *perfectos por medio de los padecimientos* (Hebreos 2:10). ¿No nos hará todo esto felices con nuestra condición?

Les ruego que no miren el mal de la aflicción, ¡sino el bien! Las aflicciones en las Escrituras se llaman *visitaciones* (Job 7:18). La palabra en hebreo puede interpretarse tanto en sentido positivo como negativo: las aflicciones de Dios son visitas amistosas. Considera la vara de Dios como la vara de Aarón, que florece (Números 17:8) y la vara de Jonatán, con miel en su punta (1 Samuel 14:27). La pobreza extingue nuestros pecados y la enfermedad del cuerpo cura un alma enferma de pecado. Así que, en lugar de murmurar y estar descontento, ¡bendice al Señor! Si no hubieras encontrado tanta fricción en el camino, podrías haberte hundido en el infierno sin parar.

*Capítulo 8*

# Descontento

La séptima motivación para estar contento es el mal del descontento. La insatisfacción tiene una mezcla de dolor e ira, y ambas desatan tormentas en el alma. ¿No han visto la postura de un enfermo? A veces se incorpora en su cama, pero pronto se acuesta. Cuando está acostado, no está tranquilo. Primero se gira hacia un lado y luego hacia el otro; está inquieto. Esta es la imagen de un espíritu descontento. La persona no está enferma, pero nunca se siente bien. A veces le gusta su condición en la vida, pero pronto se cansa. Entonces, tiene otra condición de vida, y cuando la tiene, sigue sin estar contento. Esto es un mal bajo el sol (Eclesiastés 6-10).

Ahora bien, el mal del descontento se manifiesta en tres cosas: su sordidez, su pecaminosidad y su simplicidad, o su necedad.

1. La sordidez del descontento es indigna de un cristiano. Es indigna de su profesión. Era un dicho de los antiguos paganos romanos: "Soporta tu condición con calma. Recuerda que eres un hombre". Por eso, yo digo: "Soporta tu condición con contentamiento. Recuerda que eres cristiano". Ustedes profesan vivir por fe; si es así, ¿por qué no están contentos? La fe es una

gracia que da fundamento a lo que no se ve (Hebreos 11:1). La fe ve más allá de la criatura. Se alimenta de promesas; la fe no vive solo de pan. Cuando se acaba el agua de la botella, la fe sabe dónde buscar ayuda.

¿Dónde se abate la fe de un cristiano por la falta de provisiones visibles y reclutas? Uno podría excusarse: "Mis posesiones y mi posición en el mundo han decaído". Ah, pero lo peor es que su fe ha decaído. ¿No estarás contento a menos que Dios te baje el lienzo como a Pedro, en el que había *toda clase de cuadrúpedos y reptiles de la tierra, y aves del cielo* (Hechos 10:12)? ¿Debes tener el primer y el segundo plato? Esto es como Tomás, quien dijo: *Si no veo en sus manos la señal de los clavos, y meto el dedo en el lugar de los clavos, y pongo la mano en su costado, no creeré* (Juan 20:25); a menos que puedas sentir realmente tu consuelo externo, no estarás contento.

La verdadera fe confiará en Dios incluso cuando no pueda rastrearlo y se aventurará en la Palabra de Dios aunque no tenga nada en mente. Ustedes, que están descontentos porque no tienen todo lo que quisieran, déjenme decirles que su fe es insignificante o, en el mejor de los casos, es solo un embrión. Es una fe débil que necesita zancos y muletas para sostenerse. El descontento no solo está por debajo de la fe, sino también de la razón. ¿Por qué están descontentos? ¿Es porque están desposeídos de tales comodidades? Bueno, ¿acaso no tienen al menos una razón que los guíe? ¿Acaso la razón no les dice que son solo inquilinos que pueden ser desalojados sin previo aviso? ¿Que Dios no los expulse cuando le plazca? No poseen sus bienes por derecho judicial, sino por favor y cortesía.

El descontento también es indigno de la relación que tenemos con Dios. Los cristianos estamos investidos con el título y privilegio de filiación (Efesios 1:5), somos herederos según la promesa (Gálatas 3:29). Consideren la porción de gracia inmerecida que les ha tocado. Están estrechamente vinculados a Cristo y son de sangre real. En cierto sentido, son superiores a los ángeles: *Hijo del rey, ¿por qué estás tan deprimido día tras día?* (2 Samuel 13:4). ¿Por qué están descontentos? ¡Cuán indigno es esto! Es como si el heredero de algún gran monarca se lamentara por no poder elegir cierta flor.

2. Consideren la pecaminosidad del descontento. Este se revela en tres cosas: las causas, los concomitantes o acompañamientos y las consecuencias de ello.

Las causas del descontento son pecaminosas. El orgullo es la primera causa. Quienes se estiman demasiado suelen considerar que sus condiciones son bajas. Las personas descontentas son orgullosas. Se creen superiores a los demás; por lo tanto, critican la sabiduría de Dios porque su posición no es superior a la de los demás. Así, la criatura le dice a quien la formó: *¿Por qué me hiciste así?* (Romanos 9:20). ¿Por qué no soy superior? El descontento no es más que la agitación y el desbordamiento del orgullo.

La segunda causa del descontento es la envidia. Agustín llamó a la envidia el pecado del diablo. Satanás envidió a Adán por la gloria del Paraíso y el manto de la inocencia. Quienes envidian lo que tiene su prójimo nunca se conforman con la porción que la providencia de Dios les ha dado. Como la envidia genera contiendas (esto es lo que hizo tan fuerte a la facción plebeya entre los romanos), crea descontento. Los envidiosos se fijan tanto en las bendiciones que otros disfrutan que no pueden ver sus propias misericordias; se agitan y torturan continuamente. Caín sintió envidia porque el sacrificio de su hermano fue aceptado, pero el suyo fue rechazado. Estaba descontento, y pronto, pensamientos asesinos comenzaron a surgir en su corazón.

La tercera causa del descontento es la codicia. Este es un pecado radical. Los pleitos molestos provienen del descontento y el descontento proviene de la codicia. La codicia y la satisfacción no pueden convivir en un mismo corazón. La avaricia es un glotón que nunca se sacia. El avaro es como Behemot: *Si el río ruge, él no se alarma; tranquilo está, aunque el Jordán se lance contra su boca* (Job 40:23). Agur dijo que hay cuatro cosas que no dicen "basta". Puedo añadir una quinta: los corazones de los avaros. Siguen ansiando. La codicia es como un lobo en el pecho que siempre está mamando, y como un hombre no está satisfecho, nunca está contento.

La cuarta causa del descontento son los celos. A veces, los celos surgen de la melancolía y a veces de la incomprensión. El espíritu de celos genera un espíritu maligno; *los celos enfurecen al hombre* (Proverbios 6:34). A menudo, esto no es más que sospecha e imaginación, pero crea un verdadero descontento.

La quinta causa del descontento es la desconfianza. La desconfianza es una gran parte del ateísmo. La persona descontenta siempre desconfía. "Mis recursos están disminuyendo; estoy en necesidad urgente. ¿Puede Dios ayudarme? *¿Podrá Dios preparar mesa en el desierto?* (Salmo 78:19)". Está seguro de que Dios no puede. Mi patrimonio está agotado, ¿podrá Dios reponerme? Mis amigos se han ido, ¿podrá Dios darme más? El ateo está seguro de que el brazo del poder de Dios se ha encogido. Soy como el vellón seco, ¿puede acaso caer agua sobre este vellón? *Aunque el Señor hiciera ventanas en los cielos, ¿podría suceder tal cosa?* (2 Reyes 7:2). Con el ancla de la esperanza y el escudo de la fe desechados, el alma se desanima. El descontento no es más que un eco de la incredulidad. Recuerda, la desconfianza es peor que la angustia.

El descontento es malo por lo que conlleva. Hay dos cosas que acompañan al descontento. El descontento se acompaña de una melancolía hosca. Un cristiano de buen carácter debe estar siempre alegre en Dios: *Servir al SEÑOR con alegría* (Salmo 100:2). Una señal de que el aceite de la gracia se ha derramado en el corazón es cuando el aceite de la alegría brilla en el rostro. La alegría atribuye mérito a la religión, ¿cómo puede la persona descontenta ser alegre? El descontento es un estado de ánimo tenazmente hosco; porque no tenemos lo que deseamos, Dios no recibirá una buena obra de nosotros ni nuestra mirada. Somos como el pájaro enjaulado que, por estar encerrado y no poder volar al aire libre, se golpea contra la jaula y está a punto de suicidarse. Por eso dijo aquel profeta iracundo: *Tengo razón para enojarme hasta la muerte* (Jonás 4:9).

El descontento también va acompañado de ingratitud. Como no tenemos todo lo que deseamos, no nos damos cuenta de las misericordias que sí tenemos. Tratamos con Dios como la viuda de Sarepta lo hizo con el profeta Elías. Él había sido el medio para mantenerla con vida durante la hambruna, porque por él la harina de su tinaja y el aceite de su odre nunca se acabaron. Pero tan pronto como murió su hijo, se enfureció y comenzó a discutir con el profeta: ¿Qué tengo que ver contigo, oh varón de Dios? Has venido para traer a memoria mis iniquidades y hacer morir a mi hijo (1 Reyes 17:18). Tratamos a Dios con tanta ingratitud de la misma manera. Nos contentamos con recibir misericordias de Dios, pero si nos contraría en lo más mínimo, entonces, por descontento, nos volvemos susceptibles e impacientes y estamos listos para atacarlo, y así Él pierde todas Sus misericordias. Leemos en las Escrituras sobre la ofrenda de acción de gracias; la persona descontenta le quita el favor a Dios y el Señor pierde Su ofrenda de agradecimiento.

Un cristiano descontento se queja en medio de las misericordias, como Adán, quien pecó en medio del Paraíso. El descontento es una araña que chupa el veneno de la ingratitud de la flor más dulce de la bendición de Dios; es una química diabólica que extrae la escoria del oro más refinado. La persona descontenta piensa que todo lo que hace por Dios es demasiado y que todo lo que Dios hace por ella es demasiado poco. ¡Oh, qué pecado es la ingratitud! Es un pecado acumulativo. Lo que Cicerón dijo del parricidio, yo puedo decirlo de la ingratitud: "Hay muchos pecados ligados a este único pecado". Es una maldad voluminosa y el descontento está lleno de este pecado. Un cristiano descontento, porque no tiene todo el mundo, deshonra a Dios con las misericordias que sí tiene. Dios creó a Eva de la costilla de Adán para que fuera ayudante, pero el diablo hizo una flecha de esta costilla y le disparó a Adán en el corazón. El descontento toma la costilla de la misericordia de Dios e, ingrata, le dispara; nuestras posesiones y nuestra libertad a menudo se emplean contra Dios. Observen, entonces, cómo el descontento y la ingratitud se entrelazan y se retuercen; el descontento es pecaminoso en sus asociaciones.

3. El descontento es pecaminoso por sus consecuencias. La primera consecuencia es que hace a la persona diferente del Espíritu de Dios. El Espíritu de Dios es un Espíritu manso. El Espíritu Santo descendió en forma de paloma (Mateo 3:16). Una paloma es el símbolo de la mansedumbre; un espíritu descontento no es un espíritu manso.

En segundo lugar, hace a la persona como el diablo. El diablo, henchido por el veneno de la envidia y la malicia, nunca está contento; así son los descontentos. El diablo es un espíritu inquieto, siempre anda de un lado a otro (1 Pedro 5:8). Su descanso es andar. Así es como las personas descontentas se asemejan a él: van de un lado a otro agitándose, *buscando descanso y no lo encuentran* (Lucas 11:24). Son la imagen del diablo.

En tercer lugar, el descontento desgarra el alma. Desensibiliza el corazón para el deber. ¿Sufre alguno entre vosotros? Que haga oración (Santiago 5:13). Pero si están descontentos, ¿cómo orarán? *Levantando manos santas, sin ira* (1 Timoteo 2:8). El descontento está lleno de ira y pasión; los descontentos no pueden levantar manos puras. Levantan manos leprosas, envenenan sus oraciones. ¿Aceptará Dios un sacrificio envenenado? Crisóstomo comparó la oración con una fina guirnalda y dijo que quienes hacen una guirnalda necesitan manos limpias. La oración es una guirnalda preciosa: el corazón que la hace debe estar limpio. El descontento arroja veneno al manantial. El descontento lleva el corazón al desorden y al motín, y ese corazón no puede servir al Señor sin distracción (1 Corintios 7:35).

En cuarto lugar, el descontento a veces nos impide usar la razón. Jonás, en un arrebato de descontento, solo pronunció blasfemias y disparates: *Tengo razón para enojarme hasta la muerte*. ¿Qué? ¡Estaba enojado con Dios y dispuesto a morir por su enojo! Seguramente, no sabía lo que decía. Cuando el descontento se apodera de nuestra razón, entonces, como Moisés, hablamos imprudentemente con nuestros labios. Esta disposición incluso suspende los actos mismos de la razón.

En quinto lugar, el descontento no solo te perturba a ti, sino también a quienes te rodean. Este espíritu maligno perturba a familias e iglesias. Si una sola cuerda se desafina, arruina toda la música. Un solo espíritu de descontento causa conflicto y discordia entre otros. Es este mal humor el que genera disputas y pleitos. Toda nuestra contienda surge de la falta de contentamiento. ¿De dónde vienen las guerras y los conflictos entre vosotros? ¿No vienen de *vuestras pasiones que combaten en vuestros miembros?* (Santiago 4:1), en particular, de la lujuria del descontento. ¿Por qué Absalón le declaró la guerra a su padre y estuvo dispuesto a quitarle no solo la corona a David, sino también su cabeza? ¿No fue acaso su descontento? Absalón quería ser rey. ¿Por qué Acab apedreó a Nabot? ¿No fue el descontento por la viña? ¡Ay, este demonio del descontento! Se puede ver su pecaminosidad.

3. Consideren la necedad, la simplicidad del descontento. Puedo decir, como dice el salmista: *ciertamente en vano se afana* (Salmo 39:6). Vemos esta necedad de cuatro maneras.

Primero, ¿no es vano y necio preocuparse por la pérdida de aquello que por naturaleza es perecedero y cambiante? Dios ha infundido cambio en la criatura; todo el mundo proclama cambios. Para mí, encontrarme con la inconstancia aquí, perder un amigo, posesiones, estar en constante fluctuación, no es diferente a ver una flor marchitarse o una hoja caer en el otoño. Hay un otoño en cada consuelo, una caída de la hoja, y es una locura extrema estar descontento por la pérdida de aquello que por naturaleza es perdible. Lo que Salomón dijo sobre las riquezas es cierto para todo lo que hay bajo el sol: *se hace alas* (Proverbios 23:5). La paloma de Noé trajo una rama de olivo en su pico, pero pronto salió volando del arca y nunca regresó. Nuestro consuelo nos trae miel en su boca, pero tiene alas. ¿De qué sirve estar preocupados si no tenemos alas para volar tras él y alcanzarlo?

En segundo lugar, el descontento es desgarrador. *En la tristeza del corazón se quebranta el espíritu (*Proverbios 15:13). Nos quita el consuelo de la vida. Todos tendríamos más misericordias si pudiéramos verlas. Ahora bien, como no tenemos todo lo que deseamos, perdemos la comodidad de lo que ya tenemos. Porque su calabaza, una vanidad marchita, fue destruida, Jonás estaba tan descontento que nunca pensó en su milagrosa liberación del vientre de la ballena; no halló consuelo en su vida, sino que deseó morir. ¡Qué locura! Debemos tenerlo todo o nada. Somos como niños que tiran el pedazo que les cortaron porque quizás no tengan uno más grande. El descontento corroe la comodidad de la vida. Además, sería bueno que consideráramos seriamente lo perjudicial que esto es incluso para nuestra salud; pues el descontento, así como tortura la mente, desgasta el cuerpo. Irrita como una polilla y, al consumir el espíritu, debilita el cuerpo. La enfermedad del descontento consume el cuerpo. ¿No es esto una locura?

En tercer lugar, el descontento no nos alivia la carga, sino que hace la cruz más pesada. Un espíritu contento soporta alegremente su aflicción. El descontento hace que nuestro dolor sea tan insoportable como irrazonable. Si la pierna está bien, puede soportar una cadena sin quejarse, pero si la pierna está adolorida, la cadena la aflige. El descontento mental es la llaga que hace más dolorosas las ataduras de la aflicción. El descontento nos aflige más que la aflicción misma; empapa la aflicción de amargo ajenjo. Cuando Cristo estaba en la cruz, los judíos le dieron a beber hiel y vinagre para aumentar Su dolor. El descontento le da a beber hiel y vinagre a un hombre afligido; esto es peor que la aflicción misma. ¿No es necio que amarguen su propia cruz?

Por último, el descontento prolonga nuestros problemas. Un cristiano está descontento porque está necesitado y está necesitado porque está descontento; se queja porque está afligido y está afligido porque se queja. El descontento retrasa y suspende nuestras misericordias. Dios nos trata como tratamos nosotros a nuestros hijos: cuando están tranquilos y alegres, les damos cualquier cosa, pero si los vemos llorar e inquietarse, les negamos cosas. No recibimos de Dios nada con nuestro descontento, solo golpes; cuanto más lucha el niño, más recibe golpes. Cuando luchamos con Dios por nuestras pasiones pecaminosas, Él duplica y triplica Sus golpes. Dios domará nuestros corazones rebeldes. ¿Qué ganó Israel con su terquedad? Estaban a once días de viaje de Canaán, pero se descontentaron y comenzaron a murmurar, así que Dios los guio en una marcha de cuarenta largos años por el desierto. ¿No es una locura que suspendamos nuestras propias misericordias? Ahora han visto el mal del descontento.

## Capítulo 9

# Más motivación

La octava motivación para estar contentos es esta: ¿por qué no estamos contentos con las posesiones y la vida que tenemos? Quizás si tuviéramos más, estaríamos menos contentos; la codicia es una borrachera seca. El mundo es tal que cuanto más tenemos, más ansiamos; no puede llenar el corazón del hombre. Cuando un fuego arde, ¿cómo se apaga? No se apaga poniendo aceite en la llama ni echando más leña, sino retirando el combustible. Cuando el apetito se inflama por las riquezas, ¿cómo puede uno saciarse? No teniendo solo lo que se desea, sino retirando el combustible y moderando y disminuyendo sus deseos. El que está contento tiene suficiente. Cuando alguien con edema tiene sed, ¿cómo se le satisface? No dándole líquidos, que inflamarán aún más su sed, sino eliminando la causa y curando así la enfermedad. La manera de que una persona esté contenta no es elevando sus bienes, sino humillando su corazón.

La novena motivación para el contentamiento es la brevedad de la vida. Santiago dijo que la vida es solo vapor (Santiago 4:14). La vida es una rueda en constante movimiento. Los poetas pintaron el tiempo con alas para mostrar su giro y velocidad. Job lo comparó con un corredor veloz (Job 9:25); nuestras vidas vuelan y parecen medirse en días, no en años. Es, en efecto, como un día. La infancia es como el amanecer, la juventud es la salida del sol, la madurez es el sol en el meridiano, la vejez es el ocaso, la enfermedad es la tarde y luego llega la noche de la muerte. ¡Qué rápido se pasa este día de vida! A menudo, este sol se esconde al mediodía; la vida termina antes de que llegue la tarde de la vejez. A veces, el sol de la vida se pone poco después del amanecer. Poco después del amanecer de la infancia, se acerca la noche de la muerte. ¡Oh, qué cortas son nuestras vidas! La consideración de la brevedad de la vida puede inspirar contentamiento. Recuerda que solo estás aquí un día; te queda poco camino por recorrer y no necesitas provisiones para un trayecto tan corto. Si un viajero tiene lo suficiente para llegar al final de su viaje, no desea más. Solo nos queda un día de vida y quizás estemos en la duodécima hora del día. Si Dios nos da lo suficiente para cumplir con nuestras responsabilidades hasta la noche, es suficiente. Estemos contentos.

Si alguien alquilara una casa o una granja por solo dos o tres días y comenzara a construir y plantar, ¿no sería juzgado como muy imprudente? Por lo tanto, anhelar excesivamente el mundo y desmoralizarnos para construir una propiedad, cuando tenemos poco tiempo aquí y la muerte nos llama tan rápido para que nos bajemos del escenario, es una locura extrema. Como dijo una vez Esaú en un sentido profano respecto a su primogenitura: *He aquí, estoy a punto de morir; ¿de qué me sirve, pues, la primogenitura?* (Génesis 25:32), así que dejen que un cristiano diga en un sentido religioso: "He aquí, estoy a punto de morir. Mi sepultura está a punto de ser preparada; ¿qué bien me hará el mundo? Si tengo lo suficiente hasta la puesta del sol, estoy contento".

El décimo argumento para el contentamiento se encuentra cuando consideramos seriamente la naturaleza de una condición próspera, lo que sucede cuando somos ricos. Hay tres

## Más motivación

cosas en la fortuna. Primero, hay más problemas. Muchos que tienen abundancia de todas las cosas para disfrutar no tienen tanta satisfacción y dulzura en sus vidas como algunos que solo tienen su duro trabajo. Pensamientos tristes y temerosos suelen acompañar una situación próspera. La preocupación es el espíritu maligno que acecha a los ricos y no les permite estar tranquilos. Cuando sus cofres están llenos de oro, sus corazones están llenos de preocupaciones: preocupación por cómo administrar, cómo aumentar o cómo asegurar lo que poseen. ¡Tantos problemas y perplejidad acompañan a la prosperidad! Las altas esferas del mundo son muy inquietantes. El sol es agradable, pero a veces abrasa con su calor. La abeja da miel, pero a veces pica. La prosperidad tiene su dulzura, pero también su aguijón; tener suficiente con contentamiento es mucho más deseable. Jacob nunca durmió mejor que cuando tenía el cielo por dosel y una piedra dura por almohada. Una propiedad grande y voluminosa es como una prenda de vestir larga y suelta: más problemática que útil.

En una situación próspera, hay más peligro. Esto se manifiesta de dos maneras. La primera se refiere a la persona misma. La mesa del rico es a menudo su trampa; está dispuesto a sumergirse demasiado en estas dulces aguas. En este sentido, es difícil saber cómo tener abundancia. Se necesita un cerebro fuerte para soportar el vino embriagante. Se requiere mucha sabiduría y gracia para saber cómo soportar una condición elevada; o estarás dispuesto a matarte de preocupaciones, o a atiborrarte de delicias exquisitas. ¡Oh, el peligro del honor, el daño a la dignidad! El orgullo, la seguridad y la rebelión son los tres gusanos que se reproducen cuando se tiene abundancia (Deuteronomio 32:15).

Los pastos de la prosperidad están sobrecrecidos y sobrealimentados. ¡Cuán pronto nos derrumbamos en la suave almohada de la comodidad! La prosperidad es a menudo una trompeta que suena a retirada: llama a los hombres a alejarse de la búsqueda de la religión. El sol de la prosperidad a menudo reduce y apaga el fuego del celo. ¿Cuántas almas ha matado la enfermedad de la abundancia? *Quienes aspiran a la riqueza caen en tentación y trampa.* El mundo es cemento mojado a nuestros pies; está lleno de arena dorada, pero es arena movediza. La prosperidad, como el tranquilo Jacob, socavará y traicionará. Si no estamos atentos, una gran fortuna será un ladrón que nos robará el Cielo. Quienes están en la cima del honor corren el mayor peligro de caer.

Una posición social inferior es menos peligrosa. El pequeño bote de remos navega seguro junto a la orilla cuando el valiente barco que avanza con su mástil y gavia es arriado. Adán en el Paraíso fue vencido, pero Job, en el muladar, fue un vencedor. Sansón se durmió en el regazo de Dalila: algunos se han quedado tan profundamente dormidos en el regazo de la comodidad y la abundancia que no despertaron hasta que estuvieron en el infierno. La adulación del mundo es peor que su ceño fruncido y el mundo es más temible cuando sonríe que cuando truena.

La prosperidad, en las Escrituras, se compara con una vela cuya llama *resplandecía sobre mi cabeza* (Job 29:3). ¡Cuántos han quemado sus alas alrededor de esta vela! Cuando está demasiado maduro, el grano se desmorona, y la fruta, al madurar, comienza a pudrirse. Cuando las personas se ablandan con el sol de la prosperidad, sus almas generalmente comienzan a pudrirse en el pecado. ¡Qué difícil es que entren en el reino de Dios los que tienen riquezas! (Lucas 18:24). Sus pesas de oro les impiden ascender al monte de Dios. ¿No deberíamos contentarnos con estar en un círculo inferior? ¿Y qué si no vestimos tan bien como otros? No corremos tanto peligro. Así como carecemos del honor del mundo, también carecemos de sus tentaciones.

¡Oh, hay tanto peligro en la opulencia! Vemos, por experiencia común, que cuando la luna está menguando, los lunáticos son bastante sobrios, pero cuando está llena, son más desenfrenados y exorbitantes. Cuando las posesiones de los hombres menguan, son más serios con sus almas y más humildes, pero cuando hay luna llena y tienen abundancia, entonces sus corazones comienzan a henchirse con sus posesiones y apenas son ellos mismos.

Quienes escriben sobre los diversos climas observan que si se lleva a quienes viven en las zonas septentrionales del mundo al sur, pierden el apetito y mueren rápidamente; pero si se lleva a quienes viven en climas más cálidos y meridionales al norte, su apetito y estómago mejoran y viven mucho tiempo. Permítanme aplicar esto: si se lleva a un hombre del clima frío y hambriento de la pobreza al clima cálido y meridional de la prosperidad, comenzará a perder el apetito por las cosas buenas. Se debilitará y apuesto a que toda su religión morirá. Pero si llevas a un cristiano del sur al norte, de una hacienda rica y floreciente a una condición humilde y árida, a un aire más frío y hambriento, su estómago sanará. Tendrá un mayor apetito por las cosas celestiales. Tendrá más hambre de Cristo. Tendrá más sed de gracia y comerá más en una comida del Pan de Vida que en seis comidas antes. Es probable que este hombre ahora viva y se mantenga firme en su religión. Conténtate entonces con un mínimo; si tienes lo justo para pagar tu pasaje al Cielo, es suficiente.

La segunda forma en que una condición próspera es peligrosa es con respecto a los demás. En general, una gran propiedad atrae envidia, pero donde hay poco, hay tranquilidad. David, el pastor, era tranquilo, pero David, el cortesano, era perseguido por sus enemigos. La envidia no tolera a un superior; los envidiosos solo saben vivir de las ruinas de sus vecinos. Se elevan a sí mismos humillando a otros. La prosperidad es una monstruosidad para muchos. Las ovejas con más lana pronto son esquiladas. El árbol estéril crece en paz; nadie se entromete con el fresno ni el sauce, pero el manzano y el ciruelo tendrán muchos admiradores rudos. ¡Oh, conténtate con llevar una vela menor! Aquellos con menos ingresos son menos objeto de envidia. Aquellos que ostentan la fachada más hermosa y hacen el mayor espectáculo del mundo son el blanco de la envidia y la malicia.

Una condición próspera conlleva una mayor responsabilidad. Cada persona debe ser responsable de sus talentos. Tú, que tienes grandes posesiones en el mundo, ¿cambias tus bienes por la gloria de Dios? ¿Eres rico en buenas obras? La gracia convierte a una persona privada en un bien común. ¿Desembolsas tu dinero para usos públicos? En este sentido, es lícito dar uso a nuestro dinero. Todos debemos recordar que un patrimonio es un depósito; somos mayordomos de él y nuestro Señor y Maestro pronto dirá: *Rinde cuenta de tu administración* (Lucas 16:2). Cuanto mayor sea nuestro patrimonio, mayor será nuestra responsabilidad; cuantos más ingresos tengamos, mayor será la rendición de cuentas. Tú, que tienes un negocio pequeño en el mundo, conténtate. Donde Él ha sembrado con más moderación, Dios esperará menos de ti.

El undécimo motivo para el contentamiento es el ejemplo de quienes se han destacado por su contentamiento. Los ejemplos suelen ser más contundentes que los preceptos. Abraham fue llamado a un servicio ardiente y quienes estaban en contra de la carne y la sangre estaban contentos. Dios le dijo que ofreciera a su hijo Isaac. Esta fue una gran obra porque Isaac era el hijo de su vejez, el hijo de su amor. Él era el hijo de la promesa; Cristo el Mesías vendría de su linaje: *por Isaac será llamada tu descendencia* (Génesis 21:12). Ofrecer a Isaac parecía oponerse no solo a la razón de Abraham, sino también a su fe, pues, si Isaac muriera, el mundo, por lo que él sabía, se quedaría sin Mediador. Y si Isaac fuera sacrificado, ¿no habría otra mano que la de Abraham para hacerlo? ¿Debía ser el padre el verdugo? ¿Debía el que fue el instrumento para dar a Isaac su ser el instrumento para quitárselo? Sin embargo, Abraham no discutió ni dudó, sino que *creyó en esperanza contra esperanza* (Romanos 4:18) y se contentó con la prescripción de Dios.

Cuando Dios lo llamó a dejar su país, Abraham se contentó. Algunos habrían argumentado: "¿Qué? ¿Dejar a mis amigos, mi tierra natal, mi excelente situación y convertirme en peregrino?". Abraham se contentó. Y Abraham fue con los ojos vendados; *salió sin saber adónde iba* (Hebreos 11:8). Dios lo mantuvo en vilo. Abraham no sabía adónde iba y cuando llegó al lugar que Dios le había señalado, no sabía qué oposición encontraría allí. El mundo rara vez ve con buenos ojos a los extranjeros. Sin embargo, Abraham se contentó y obedeció; habitó en la tierra prometida (Hebreos 11:9).

Analicemos brevemente la peregrinación de Abraham. Primero, fue a Harán, una ciudad de Mesopotamia. Tras permanecer allí un tiempo, su padre falleció. Luego se mudó a Siquem y después a Betel, en Canaán. Hubo entonces una hambruna en la tierra, así que descendió a Egipto. Después regresó a Canaán. Al llegar allí, es cierto que tenía una promesa, pero no encontró nada que cumpliera sus expectativas. No tenía ni un palmo de tierra allí; era un exiliado. Durante este tiempo de peregrinación, enterró a su esposa. En cuanto a sus viviendas, no tenía edificios lujosos, sino que vivía en tiendas. Todo esto era suficiente para romper el corazón de cualquier hombre. Abraham podría haber pensado: "¿Es esta la tierra que debo poseer? No hay ninguna probabilidad de nada bueno aquí; todo está en mi contra". ¿Estaba descontento? No. Dios le dijo: "Abraham, abandona tu país", y esta palabra fue suficiente para guiarlo por todo el mundo. Pronto emprendió su marcha. Aquí había un hombre que había aprendido a estar contento.

Pero descendamos un poco más a los paganos. Zenón, de quien habló Séneca, había sido muy rico. Al enterarse de que todos sus bienes se habían hundido en un naufragio en el mar, dijo: "La fortuna ahora quiere que estudie filosofía". Se conformó con cambiar el rumbo de su vida, dejar de ser comerciante y convertirse en filósofo. Si un pagano habla así, ¿no debería un cristiano, cuando le quitan el mundo, decir aún más que Dios quiere que deje de seguir al mundo y empiece a estudiar más a Cristo y cómo llegar al Cielo? ¿Veo a un pagano contento y a un cristiano angustiado? ¿Cómo vilipendiaban los paganos aquello que los cristianos magnificaban? Aunque no conocían a Dios ni el significado de la verdadera felicidad, paganos como Aristóteles y Platón hablaban de forma sublime de un espíritu o deidad y de la vida venidera. Y por esas delicias elíseas, su lugar de descanso final que solo era real en su imaginación, ¡subestimaban y condenaban las cosas de aquí abajo! Que debían esforzarse por contentarse con poco era la doctrina que enseñaban a sus eruditos y que algunos de ellos practicaban. Estaban dispuestos a hacer un intercambio: menos oro por más conocimiento.

¿No deberíamos, entonces, conformarnos con tener menos del mundo para tener más de Cristo? Los cristianos deberían avergonzarse al ver incluso a los paganos mundanos contentos con solo provisiones para el viaje, pero verse tan absortos en el amor por las cosas terrenales, que si estas empiezan a escasear y la lista de provisiones se acorta, murmuran y dicen como Miqueas: *Os habéis llevado mis dioses que yo hice... ¿Cómo, pues, me decís: «¿Qué pasa?»?* (Jueces 18:24). ¿Acaso los paganos han llegado tan lejos en su contentamiento? ¿No es triste para nosotros quedar desfavorecidos ante quienes no alcanzaron el Cielo?

¡Estos héroes de su tiempo, cómo abrazaron la muerte misma! Sócrates murió en prisión; Hércules fue quemado vivo. Catón, a quien Séneca llama la viva imagen y retrato de la virtud, fue atravesado por una espada. ¡Pero con qué valentía y con qué contentamiento de espíritu murieron! "¿Debo —dijo Séneca— llorar por Catón, por Régulo o por el resto de aquellos dignos que murieron con tanto valor y paciencia?". ¿Acaso la providencia contraria no les hizo cambiar de semblante? ¿Veo a los cristianos horrorizados y asombrados? ¿Acaso la muerte no los asustaba, pero a nosotros nos distrae? ¿Acaso la fuente de la naturaleza brotaba tan alto? ¿Acaso la gracia, como las aguas del santuario, no se elevará más? Quienes pretendemos vivir por fe, ¿no podríamos aprender de quienes no tuvieron otro guía que la razón? No, déjenme descender un paso más, a criaturas carentes de razón. Vemos a cada criatura contenta con lo que le corresponde: las bestias con su alimento, las aves con sus nidos. Viven solo de la providencia; ¿nos haremos inferiores a ellas?

Dejemos que un cristiano vaya a la escuela con el buey y el burro para aprender a estar contento. Creemos que nunca tenemos suficiente y seguimos acumulando. Las aves del cielo *no siembran, ni siegan, ni recogen en graneros* (Mateo 6:26). Es un argumento que Cristo presenta para que los cristianos se sientan contentos con su condición; las aves no acumulan, pero se les provee y están contentas. Cristo preguntó: *¿No sois vosotros de mucho más valor que ellas?* (Mateo 6:26). Si estás descontento, ¿no eres mucho peor que ellas? Que estos ejemplos nos despierten.

El duodécimo motivo para el contentamiento es que cualquier cambio o problema que enfrente un hijo de Dios, es todo el infierno que le espera. Cualquier eclipse que pueda afectar su nombre o sus bienes, puedo decir de él como dijo Atanasio de su destierro: "Es una pequeña nube que pronto se disipará"[20]. Él ha cruzado el abismo, su infierno ha pasado. La muerte es el comienzo del infierno para los malvados, pero pone fin al infierno para los piadosos. Pregúntate: "¿Qué pasa si sufro esto?". Es solo un infierno temporal. De hecho, si todo nuestro infierno está aquí, es un infierno fácil. ¿Qué es la copa de la aflicción comparada con la copa de la condenación? Lázaro no podía conseguir ni una migaja. Estaba tan enfermo que los

---

20  Atanasio de Alejandría (c. 296-373) fue un teólogo y padre de la Iglesia que enfrentó el exilio muchas veces.

perros se compadecieron de él y, como si fueran sus médicos, le lamieron las llagas; pero este era un infierno fácil. Los ángeles lo sacaron rápidamente (Lucas 16:19-22).

Si todo nuestro infierno está en esta vida, en medio de este infierno, podemos tener el amor de Dios. Entonces ya no es infierno, sino paraíso. Si nuestro infierno está aquí, podemos ver el fondo; es solo superficial. No puede tocar el alma y podemos ver su final. Es un infierno de corta duración. Después de una noche tormentosa de aflicción llega la brillante mañana de la resurrección. Si nuestras vidas son cortas, nuestras pruebas no pueden ser largas. Así como nuestras riquezas toman alas y vuelan, también lo hacen nuestros sufrimientos. Así que, estemos contentos.

El decimotercer motivo para estar contento es que tener suficiente sin contentamiento es un gran juicio. Cuando un hombre tiene un estómago enorme y, sin importar qué le des de comer, sigue ansiando y nunca se satisface, dices: "Este es un gran juicio para el hombre". Tú, que eres un devorador de dinero pero nunca tienes suficiente y aún gritas: *Dad, dad*, este es un triste juicio: *Comerán, pero no se saciarán* (Oseas 4:10).

La garganta del hombre malvado es *un sepulcro abierto*. Así es el corazón de un hombre codicioso. La codicia no es solo un pecado, sino también el castigo de un pecado. Es una maldición secreta para el codicioso; tendrá sed y sed, y nunca se saciará: *El que ama el dinero no se saciará de dinero* (Eclesiastés 5:10). ¿No es esto una maldición? Fue un juicio severo sobre el pueblo de Judá. *Coméis, pero no hay suficiente para que os saciéis; bebéis, pero no hay suficiente para que os embriaguéis* (Hageo 1:6). ¡Cuidado con esta plaga! Esaú le dijo a su hermano: "Tengo abundancia, hermano mío", o como lo traducimos nosotros, *tengo bastante* (Génesis 33:9). ¿No debería un cristiano decir mucho más? Es triste que nuestros corazones estén muertos a las cosas celestiales y sean como esponjas que absorben las cosas terrenales. Que todo lo dicho guíe nuestras mentes hacia la satisfacción celestial.

## Capítulo 10

# Precauciones

Ahora, daré algunas advertencias necesarias. Aunque digo que debemos estar contentos en cualquier estado y condición, hay tres estados en los que no debemos estarlo.

1. No debemos estar contentos en nuestro estado natural. Aquí debemos aprender a no estar contentos. Un pecador en su estado natural puro está bajo la ira de Dios (Juan 3:36). ¿Debería estar contento cuando esa terrible copa esté a punto de ser derramada (Apocalipsis 16)? ¿No es nada estar bajo el ardor de la furia divina? *¿Quién de nosotros habitará con las llamas eternas?* (Isaías 33:14). Un pecador, como tal, está bajo el poder de Satanás (Hechos 26:18). ¿Debería estar contento en ese estado? ¿Quién estaría contento con permanecer en los aposentos del enemigo?

Mientras dormimos en el regazo del pecado, el diablo nos hace lo mismo que los filisteos hicieron con Sansón: nos corta el mechón de la fuerza y nos saca los ojos (Jueces 16). ¡No te conformes, pecador, en este estado! ¿Debería una persona conformarse con estar endeudada en cuerpo y alma, con el temor constante de ser arrestada y llevada prisionera al infierno? Aquí predico contra el contentamiento. ¡Sal de esta condición! Te sacaré rápidamente de ella como el ángel sacó a Lot de Sodoma (Génesis 19:15). Hueles a fuego y azufre. Cuanto más tiempo permanece alguien en su pecado, más se fortalece el pecado. Es difícil salir del pecado cuando el corazón, como guarnición, está atrincherado y fortificado.

Una planta joven se quita fácilmente, pero una vez que el árbol ha echado raíces, no se puede mover. Tú que estás arraigado en tu orgullo, incredulidad e impenitencia, te costará mucho esfuerzo antes de ser arrancado de tu estado natural (Jeremías 6:16). Es duro tener rostro descarado y corazón quebrantado; *He aquí, con la maldad sufre dolores* (Salmo 7:14). Ten por seguro que cuanto más te aflijas con tus pecados, más y más agudos dolores te esperan en el nuevo nacimiento. ¡No te conformes con tu estado natural! David preguntó: *¿Por qué te abates, alma mía?* (Salmo 43:5), pero un pecador debería preguntarse a sí mismo: "¿Por qué no te alarmas, alma mía? ¿Por qué te conmueven tanto las aflicciones, pero no tu pecado?". Es una misericordia que nos alarmemos por el pecado. Es mejor tener la molestia de que te arreglen un hueso que estar cojo y con dolor toda la vida. Bendito sea el dolor que lleva el alma a Cristo. Es uno de los peores espectáculos ver una mala conciencia tranquila; de los dos, la fiebre es mejor que el letargo. Me sorprende ver a una persona contenta en su estado natural. ¿Qué? ¿Contenta con irse al infierno?

2. En cuanto a lo externo, debemos estar contentos en cualquier situación, pero no debemos contentarnos en una condición en la que Dios sea deshonrado. Si tienes un oficio vigoroso, pero debes infringir un mandato y, por lo tanto, convertirlo en un negocio pecaminoso, no debes contentarte en tal condición. Dios nunca llamó a nadie a un llamado pecaminoso. En este caso, es mejor que la persona deje lo que está haciendo y se

dedique a otra cosa. Es mejor perder algo de su ganancia para poder disminuir algo de su culpa. Lo mismo ocurre con los sirvientes que viven en una familia profana, en las afueras del infierno, donde el nombre de Dios no se invoca a menos que se tome en vano. No deben contentarse en tal lugar. Salgan de las tiendas de estos pecadores. Hay un doble peligro en vivir entre los profanos.

El primer peligro es que empecemos a contagiarnos del veneno de su mal ejemplo. José, viviendo en la corte del faraón, había aprendido a jurar por *la vida del faraón* (Génesis 42:15). Somos propensos a dejarnos llevar por los ejemplos; captamos impresiones más profundas con la vista que con el oído. El hombre rico de la parábola dio un mal ejemplo. Tenía muchos hermanos que, al verlo pecar, siguieron sus pasos, así que dijo: *Te ruego, pues, padre, que lo envíes a la casa de mi padre, pues tengo cinco hermanos, de modo que él los prevenga[a], para que ellos no vengan también a este lugar de tormento* (Lucas 16:27-28). El hombre rico sabía en qué camino iban; es fácil contagiarse de una enfermedad, pero no de la salud. El mal corromperá más pronto al bien que el bien convertirá al mal. Tomen una cantidad y proporción iguales de vino dulce con vinagre agrio: el vinagre agriará más pronto el vino que el vino endulzará el vinagre.

El pecado se compara con la plaga (1 Reyes 8:37) y con la levadura (1 Corintios 5:7) para mostrar su naturaleza contagiosa. Un mal amo hace un mal siervo. El ganado de Jacob, al observar las varas moteadas y rayadas, concibió la misma especie que las varas (Génesis 30:30-41). Hacemos lo que vemos hacer a otros antes que nosotros, especialmente a quienes están por encima de nosotros. Si la cabeza está enferma, las demás partes del cuerpo están desordenadas. Si el sol no brilla en los montes, tampoco brillará en los valles. Oramos: *Y no nos metas en tentación* (Mateo 6:13). Lot fue el milagro del mundo que se mantuvo fresco en las aguas saladas de Sodoma, pero esa fue una excepción.

El segundo peligro de vivir en una familia malvada es que estamos expuestos a su castigo: *Derrama furor sobre las naciones que no te conocen, y sobre los linajes que no invocan tu nombre* (Jeremías 10:25). Como no habían orado, Dios estaba listo para derramar Su ira. Es peligroso vivir en *las tiendas de Cedar* (Salmo 120:5). Cuando Dios envía Su pergamino volador, escrito por dentro y por fuera con maldiciones, este entra en la casa del ladrón y del perjuro, y la consume *junto con sus maderas y sus piedras* (Zacarías 5:4). ¿No es una triste consecuencia vivir en una familia profana y perjura cuando el pecado del dueño derrumba su casa? Si las piedras y la madera son destruidas, ¿cómo escapará el siervo?

Aunque Dios no envíe un pergamino físico de maldiciones sobre la familia, hay un pergamino espiritual, y ese es peo (Proverbios 3:33). No te conformes con vivir donde la religión muere. *Saludas a los hermanos que están en Laodicea, también a Ninfas y a la iglesia que está en su casa* (Colosenses 4:15). La casa de los piadosos es una pequeña iglesia, la casa de los malvados un pequeño infierno (Proverbios 7:27). ¡Intégrense en una familia religiosa! La casa de un buen hombre está perfumada con bendición (Proverbios 3:33). Cuando el santo aceite de la gracia se derrama sobre la cabeza, el aroma de este ungüento se difunde dulcemente y su virtud se extiende por la familia. Los ejemplos fieles son muy magnéticos e inevitables. Séneca le dijo a su hermana: "Aunque no te dejo riquezas, te dejo un buen ejemplo". Incorporémonos entre los santos; al estar a menudo entre las especies, comenzamos a oler como ellos.

3. La tercera advertencia, aunque en toda condición debemos estar contentos, es que no debemos conformarnos con un poco de gracia. La gracia es la mejor bendición. Aunque deberíamos conformarnos con tener un patrimonio suficiente, no deberíamos conformarnos con solo una gracia suficiente. Cristo ascendió al

Cielo para poder enviar dones y el propósito de esos dones fue que *crezcamos en todos los aspectos en aquel que es la cabeza, es decir, Cristo* (Efesios 4:15). El apóstol distingue entre estar en Cristo y crecer en Él; ser hechos misericordiosos y florecer en esa gracia. No te conformes con un mínimo de religión. No basta con que haya vida; también debe haber fruto. La esterilidad en la ley se consideraba una maldición; cuanto más lejos estemos del fruto, más cerca estamos de ser maldecidos (Hebreos 6:8). Es triste cuando las personas solo son fructíferas en las obras infructuosas de las tinieblas. No se conformen con un sorbo o dos de gracia; al lado de un mortinato, una persona hambrienta en Cristo es peor. ¡Oh, codicia más gracia! Nunca pienses que tienes suficiente. Se nos dice que codiciemos lo mejor: *Mas desead ardientemente los mejores dones* (1 Corintios 12:31). Es una ambición celestial desear estar en lo alto del favor de Dios, una bendita satisfacción cuando la única lucha es quién será el más santo.

Pablo, aunque se contentaba con solo un poco del mundo, no se conformaba con un poco de gracia: *…extendiéndome a lo que está delante, 14 prosigo hacia la meta para obtener el premio del supremo llamamiento de Dios en Cristo Jesús* (Filipenses 3:13-14). Un verdadero cristiano es una maravilla; es el más contento, pero también el menos satisfecho. Se conforma con un bocado de pan y un poco de agua embotellada, pero nunca se sacia con la gracia. Anhela más. Esta es su oración: "Señor, dame más conformidad con Cristo y más comunión con Él". Quiere que la imagen de Cristo se refleje más vívidamente en su alma. La verdadera gracia siempre es progresiva. En cuanto a su luz, los santos son llamados lámparas y estrellas, y árboles de justicia en cuanto a su crecimiento (Isaías 61:3). Son, en efecto, como el Árbol de la Vida, que produce diversos frutos.

Un verdadero cristiano crece en belleza. La gracia es la mejor tez del alma; al principio, como Raquel, es hermosa a la vista, pero cuanto más vive, más irradia sus rayos de belleza. La fe de Abraham fue al principio hermosa, pero luego brilló con sus brillantes colores y se volvió tan ilustre que Dios mismo se enamoró de ella e hizo de la fe de Abraham un modelo para todos los creyentes.

Un verdadero cristiano crece en dulzura. Una mala hierba puede crecer tanto como la menta o el romero, la amapola en el campo tanto como el maíz y el manzano silvestre tanto como una manzana de mesa, pero una tiene un sabor áspero y agrio, y la otra se suaviza a medida que crece. Un hipócrita puede crecer en dimensiones externas tanto como un hijo de Dios. Puede orar tanto, profesar tanta fe, pero solo crece en tamaño. Solo produce uvas agrias, sus deberes están imbuidos de orgullo. Lo otro madura a medida que crece. Crece en amor, humildad y fe. Estos suavizan y endulzan sus deberes y los hacen más placenteros. El creyente crece como la flor; desprende fragancia y perfume.

Un verdadero cristiano crece en fuerza. Se arraiga aún más y se establece. Cuanto más crece un árbol, más extiende sus raíces en la tierra. Un cristiano, una planta de la Jerusalén celestial, crece de la misma manera. Cuanto más crece, más se integra a Cristo y extrae de Él Su savia espiritual. En cuanto a humildad, es un enano, pero un gigante en cuanto a fuerza. Es fuerte para cumplir con sus deberes, para soportar cargas y para resistir las tentaciones.

Un cristiano crece en la práctica de su gracia. No solo tiene aceite en su lámpara, sino que su lámpara también arde y brilla. La gracia es ágil y diestra. La vid de Cristo florece (Cantares 6:11). Por eso leemos sobre *una esperanza viva* (1 Pedro 1:3) y un amor ferviente (1 Pedro 1:22). Aquí está la actividad de la gracia. De hecho, a veces la gracia es un hábito adormecido del alma, como la savia en la vid, que no ejerce su vigor. Esto puede deberse a la pereza espiritual o a la caída en algún pecado, pero es solo por un tiempo. La primavera de la gracia llegará, las flores aparecerán y la higuera dará sus higos verdes (Cantares 2:12-13). Los vientos frescos del Espíritu reavivan y animan dulcemente la gracia. La Iglesia de Cristo, cuyo corazón era un jardín y sus gracias eran especias preciosas, ora por los hálitos celestiales del Espíritu para que sus especias sagradas fluyan (Cantares 4:16). Un verdadero cristiano crece tanto en la gracia como en su grado. Enriquece su vida espiritual. *Añadid a vuestra fe, virtud, y a la virtud, conocimiento; al conocimiento, dominio propio* (2 Pedro 1:5-6) y así sucesivamente. Aquí la gracia crece en su género. Va *por fe y para fe* (Romanos 1:17). La gracia también crece en grado: *Siempre tenemos que dar gracias a Dios por vosotros, hermanos, como es justo, porque vuestra fe aumenta grandemente* (2 Tesalonicenses 1:3). Crece con creces. El apóstol habla de esas plantas espirituales que estaban cargadas del fruto del evangelio (Filipenses 1:11). El cristiano es comparado con la vid, símbolo de fecundidad. Debe dar racimos completos. Se nos dice que *completemos lo que falta* en nuestra fe (1 Tesalonicenses 3:10).

Un cristiano nunca debe ser tan viejo que ya no pueda dar fruto*: Aun en la vejez darán fruto* (Salmo 92:14). Una planta celestial siempre está creciendo. Nunca cree haber crecido lo suficiente; no está contenta a menos que aumente cada día su estatura espiritual. No debemos conformarnos con la gracia suficiente para mantener la vida y el alma juntas; un sorbo o dos no bastarán. Debemos seguir creciendo *con un crecimiento que es de Dios* (Colosenses 2:19). Necesitamos renovar nuestras fuerzas como el águila (Isaías 40:31). Nuestros pecados se renuevan, nuestras necesidades se renuevan, nuestras tentaciones se renuevan; ¿no debería renovarse nuestra fuerza? ¡Oh, no se contenten con el primer embrión de la gracia, la gracia en su infancia y juventud! Ustedes buscan grados de gloria, así que sean cristianos de grados. Aunque un creyente debe contentarse con una pequeña herencia, no debe contentarse con una pequeña cantidad en la religión. Un cristiano de buena cuna se esfuerza por sobresalir y acercarse a la santidad en Dios, quien es el original, el modelo y el prototipo de toda santidad.

*Capítulo 11*

# Características del contentamiento

Ahora que he terminado de explicarles las tres advertencias del contentamiento, procederé a mostrarles cómo los cristianos pueden saber si han aprendido o no este arte divino. ¿Cómo pueden los cristianos saber que han aprendido esta lección del contentamiento? Les daré algunas características del contentamiento mediante las cuales lo sabrán.

La primera característica de un espíritu contento es un espíritu silencioso. No tiene ni una palabra que decir contra Dios: *Mudo me he quedado, no abro la boca, porque tú eres el que ha obrado* (Salmos 39:9). El contentamiento silencia toda disputa: *Que se siente solo y en silencio* (Lamentaciones 3:28). Hay un silencio pecaminoso. Cuando Dios es deshonrado, su verdad herida y los hombres callan, este silencio es un pecado grave. Pero hay un silencio santo cuando el alma se sienta tranquila y contenta con su condición.

Cuando Samuel le comunica a Elí el duro mensaje de Dios, que *Él juzgará su casa para siempre* (1 Samuel 3:13), y que la iniquidad de su familia *no será expiada jamás, ni por sacrificio ni por ofrenda* (1 Samuel 3:14), ¿murmura o disputa Elí con Dios? No, no tiene ni una palabra que decir contra Dios: *El Señor es; que haga lo que bien le parezca* (1 Samuel 3:18). Un espíritu de descontento dice, como dijo el faraón: ¿Quién es el SEÑOR? (Éxodo 5:2). "¿Por qué he de sufrir todo esto? ¿Por qué he de ser llevado a tan baja condición? ¿Quién es el Señor?". Pero un corazón misericordioso dice, como dijo Elí: *El Señor es; que haga lo que bien le parezca.* Cuando Nadab y Abiú, hijos de Aarón, ofrecieron fuego extraño y fuego salió de delante del Señor y los devoró (Levítico 10:1-2), ¿estaba Aarón entonces sumido en un profundo descontento? No, Aarón *guardó silencio* (Levítico 10:3). Un espíritu contento nunca se enoja a menos que esté enojado consigo mismo por tener malos pensamientos sobre Dios. Cuando Jonás dijo: *Tengo razón para enojarme*, el suyo no era un espíritu contento. No encajaba con el carácter de un profeta.

La segunda característica de un espíritu contento es un espíritu alegre. El contentamiento es algo más que paciencia; la paciencia denota solo sumisión, pero el contentamiento denota alegría. Un cristiano contento es más que pasivo; no solo carga la cruz, sino que también la toma (Mateo 16:24). Ve a Dios como un Dios sabio y entiende que todo lo que Dios hace, aunque sea doloroso, es para su salud y para producir una cura. Por esta razón, los cristianos contentos son alegres y, con el apóstol, se complacen *en las debilidades, en insultos, en privaciones, en persecuciones y en angustias* (2 Corintios 12:10). No solo se someten a los designios de Dios, sino que también se regocijan en ellos. No solo dicen: "Justo es el Señor en todo lo que ha sucedido", sino que también dicen: "El Señor es bueno". Esto es estar contento. Una melancolía sombría es odiosa. Se dice: *Dios ama al dador alegre* (2 Corintios 9:7). Sí, y Dios también ama al que vive con alegría. Las Escrituras nos dicen que no estemos ansiosos ni preocupados (Filipenses 4:6), pero no que no estemos alegres. Quien está contento con su condición no reduce su gozo espiritual. De hecho, tiene dentro de sí lo que es la base de la alegría; lleva un perdón sellado en su corazón (Mateo 9:2).

La tercera característica de un espíritu contento es un espíritu agradecido. Este es un grado superior al anterior: *En todo da gracias.* Un corazón misericordioso percibe la misericordia en toda condición; por lo tanto, su corazón se eleva a la gratitud. Otros bendecirán a Dios por la prosperidad, mientras que el corazón misericordioso lo bendice a Él por la aflicción. Razona consigo mismo: "¿Tengo necesidad? Dios ve mejor para mí tener necesidad que tener abundancia. Dios ahora me mantiene a dieta. Ve mejor para mi salud espiritual a veces mantenerme en ayunas". Por lo tanto, el espíritu contento no solo se somete, sino que también es agradecido.

El inconforme siempre se queja de su condición; el espíritu contento siempre da gracias. ¡Oh, qué gran gracia es esta! Un corazón contento es un templo donde se cantan las alabanzas de Dios, no una tumba donde se entierran. Un cristiano contento, en la mayor angustia, tiene el corazón ensanchado y dilatado en agradecimiento. A menudo contempla el amor de Dios en la elección; se ve como un monumento de misericordia y, por lo tanto, desea ser un modelo de alabanza. Siempre hay música alegre en un alma contenta. El Espíritu de gracia obra en el corazón como vino nuevo, que, bajo las más fuertes presiones de la tristeza, encontrará una salida abierta para la gratitud. Esto es estar contento.

La cuarta característica de un espíritu contento es que acepta cualquier condición. Nuestro texto dice: *en cualquier estado en que me encuentre.* Un cristiano contento puede adaptarse a cualquier cosa, ya sea necesidad o abundancia. El pueblo de Israel no sabía ni cómo abundar ni cómo pasar necesidad. Cuando estaban necesitados, murmuraban: *¿Podrá Dios preparar mesa en el desierto?* (Salmo 78:19), y cuando comieron y se saciaron, entonces alzaron sus talones contra Él (Salmo 41:9). Pablo sabía cómo manejar cada situación; podía ser un poco más alto o más bajo. En este sentido, era un universalista; podía hacer cualquier cosa que Dios le pidiera. Si estaba en prosperidad, sabía ser agradecido; si estaba en adversidad, sabía ser paciente. No se sentía ni exaltado ni desanimado. Podía llevar una vela grande o pequeña. Un cristiano satisfecho sabe adaptarse a cualquier situación. Tenemos a quienes pueden estar contentos en algunas circunstancias, pero no en todas. Pueden estar contentos en una situación de riqueza, cuando tienen ríos de leche y miel. Mientras la vela de Dios brilla sobre sus cabezas, están contentos, pero si el viento gira en su contra, están descontentos. Mientras tienen una muleta de plata en la que apoyarse, están contentos, pero si Dios la rompe, están descontentos. Pablo había aprendido a vivir con serenidad en cada situación. Otros podrían contentarse con sus aflicciones, si Dios les permitiera elegir. Podrían contentarse con llevar una cruz; tal vez soportarían mejor la enfermedad que la pobreza, o la pérdida de bienes que la de los hijos. Si pudieran tener la cruz de otro, podrían contentarse con cualquier condición menos la presente. Esto no es contentarse.

Un cristiano contento no intenta elegir su cruz, sino que permite que Dios elija por él. La persona contenta lo está tanto por el tipo de cruz como por su duración. Un espíritu contento dice: "Que Dios me aplique la medicina que quiera y que permanezca el tiempo que sea necesario. Sé que cuando haya curado y haya extraído el veneno del pecado de mi corazón, Dios me la quitará". En una palabra, un cristiano contento, dulcemente cautivado por la autoridad de la Palabra, desea estar completamente a disposición de Dios y está dispuesto a vivir en el ámbito y clima donde Dios lo ha colocado. Y si en algún momento ha sido instrumento para prestar un servicio noble y excelente al público, sabe que es solo una herramienta racional, un servidor de la autoridad, y se conforma con volver a su antigua condición de vida.

Cincinato, tras haber realizado actos valientes y dignos por su pueblo y haber alcanzado gran fama durante su dictadura, regresó voluntariamente a labrar y cultivar sus cuatro acres de tierra[21]. Así debe ser con los cristianos que profesan la *piedad con satisfacción*, habiendo servido a Marte pero sin atreverse a ofender a Júpiter, para que no revelen al mundo un valor brutal, siendo tan indómitos y testarudos que, aunque conquisten a otros, no son capaces de gobernar sus propios espíritus.

La quinta característica de un espíritu contento es que no recurrirá al pecado para librarse de sus problemas. No niego que un cristiano pueda legítimamente buscar cambiar su condición. En cuanto a la providencia de Dios, él puede seguirla. Pero me refiero a quienes no siguen la providencia, sino que corren delante de ella, como quien dijo: *Este mal viene del SEÑOR; ¿por qué he de esperar más en el SEÑOR?* (2 Reyes 6:33). Si Dios no abre la puerta de Su providencia, la forzarán y se librarán de la aflicción del pecado, atormentando sus almas. Esto dista mucho de un contentamiento santo; es la incredulidad que se transforma en rebelión.

Un cristiano contento está dispuesto a esperar el tiempo de Dios y no se moverá hasta que Dios abra una puerta. Como dijo Pablo en otra ocasión: *Aunque somos ciudadanos romanos, nos han azotado públicamente sin hacernos juicio y nos han echado a la cárcel; ¿y ahora nos sueltan en secreto? ¡De ninguna manera! Que ellos mismos vengan a sacarnos* (Hechos 16:37). Así, con reverencia, el cristiano contento dice: "Dios me ha puesto en esta condición, y aunque es triste y problemática, no me moveré hasta que Dios, por una providencia clara, me saque".

El autor de Hebreos habla de aquellos cristianos de espíritu superior que no aceptaron la liberación (Hebreos 11:35); es decir, no la aceptaron en términos viles y deshonrosos. Preferirían quedarse en prisión antes que comprar su libertad mediante la

---

21  Cincinato fue un antiguo estadista romano que sirvió a la república como dictador en tiempos de necesidad, pero luego renunció voluntariamente a su poder cuando la necesidad terminó.

complacencia carnal. Estio observó sobre el texto: "Podrían no solo haber tenido su libertad, sino también haber sido elevados al honor y colocados en puestos de confianza; sin embargo, el honor de la religión era más preciado para ellos que la libertad o el honor"[22]. Un cristiano satisfecho no se moverá hasta que, como los israelitas, vea una columna de nube y fuego delante de él. *Es bueno esperar en silencio la salvación del SEÑOR* (Lamentaciones 3:26). Es bueno esperar el tiempo de Dios y no intentar librarse de los problemas hasta que veamos la estrella de la providencia de Dios señalándonos el camino.

---

22   Estio (1542–1613), nacido como Willem Hessels van Est, fue un teólogo y profesor holandés.

*Capítulo 12*

# Reglas para el contentamiento

Procedo ahora a ofrecer una guía para mostrar a los cristianos cómo pueden alcanzar este divino arte del contentamiento. Ciertamente, es factible; otros santos de Dios lo han logrado. Pablo lo logró, al igual que aquellos de quienes leemos en ese pequeño libro sobre mártires que fueron cruelmente burlados y azotados, apedreados, aserrados, tentados y vagaron por desiertos y cuevas, pero aun así, se contentaron (Hebreos 11). El contentamiento es posible y aquí estableceré algunas reglas para un santo contentamiento.

*Regla 1. Eleven su fe.*

Toda nuestra ansiedad proviene directamente de la incredulidad. Es esto lo que despierta la tormenta del descontento en el corazón. ¡Oh, pon la fe a trabajar! Una característica de la fe es que silenciará nuestras dudas, disipará nuestros temores y calmará el corazón cuando las pasiones se acaloran. La fe obra en el corazón una dulce y serena compostura. No es tener comida ni ropa lo que nos dará satisfacción, sino tener fe. La fe reprende las pasiones. Cuando la razón comience a hundirse, deja que la fe flote.

¿Cómo obra la fe el contentamiento?

1. La fe muestra al alma que, sin importar cuáles sean sus pruebas, provienen de la mano de un Padre. Es ciertamente una copa amarga, pero *la copa que el Padre me ha dado, ¿acaso no la he de beber?* Es dada con amor a mi alma; Dios me corrige con el mismo amor con el que me corona. Dios ahora me está preparando para el Cielo; me esculpe para hacerme una columna pulida. Estos sufrimientos producen paciencia, humildad e incluso los frutos apacibles de la justicia (Hebreos 12:11). Y si Dios puede sacar un fruto tan dulce de nuestro tronco, que me injerte donde Le plazca. Así es como la fe lleva el corazón al santo contentamiento.

2. La fe extrae la miel del contentamiento de la colmena de la promesa. Cristo es la Vid, las promesas son los racimos de uvas que crecen en esta Vid y la fe exprime el dulce vino del contentamiento de estos racimos espirituales de promesas. Les mostraré solo un racimo: *gracia y gloria da el Señor* (Salmo 84:11). Esto es suficiente para que la fe perdure. La promesa es la flor de la cual la fe destila el espíritu y la manifestación del contentamiento divino. En una palabra, la fe eleva el alma y la hace aspirar a deleites más generosos y nobles que los que la tierra ofrece, y a vivir en el mundo por encima del mundo. ¿Deseas vivir una vida plena? Vive a la altura de tu fe.

*Regla 2. Busquen la seguridad.*

¡Aclaremos los intereses entre Dios y nuestras almas! *Interés* es una palabra común hoy en día. Es una palabra agradable: interés en los buenos amigos, interés en el dinero. ¡Oh, si hay un interés que vale la pena cuidar, es el interés entre Dios y el alma!

Esfuérzate por decir: "Dios mío". Estar sin dinero, sin amigos y también sin Dios es triste; pero aquel cuya fe florece en seguridad, que puede decir *yo sé en quién he creído* (2 Timoteo 1:12), ese hombre tiene suficiente para dar contentamiento a su corazón.

Cuando una persona paga sus deudas y puede irse al extranjero sin temor a ser arrestada, ¡qué satisfacción! ¡Que su título de propiedad quede limpio! Si Dios es nuestro, todo lo que nos falta en la criatura es infinitamente compensado en Él. ¿Me falta pan? Tengo a Cristo, el Pan de Vida. ¿Estoy corrompido y contaminado? Su sangre es como los árboles del santuario; no solo sirven para comer, sino también para medicina (Ezequiel 47:12). Si hay algo en el mundo por lo que vale la pena trabajar, es para obtener una prueba sólida de que Dios es nuestro. Una vez resuelto esto, ¿qué puede salir mal? No importan las tormentas que encuentre si sé dónde poner puerto.

Quien tiene a Dios como su Dios está tan contento con su condición que no le importa mucho tener algo más. Descansar en una condición en la que un cristiano no puede decir que Dios es su Dios es motivo de temor; si puede decirlo con sinceridad, pero no está contento, es motivo de vergüenza. *David se fortaleció en el SEÑOR su Dios* (1 Samuel 30:6). David estaba triste. Siclag fue quemada, sus esposas capturadas, todo lo suyo se perdió y probablemente también perdió el corazón de sus soldados, pues hablaron de apedrearlo; sin embargo, tenía la base de la satisfacción en su interior, un interés en Dios, y esto era un pilar de apoyo para su espíritu. Quien sabe que Dios es suyo y que todo lo que hay en Dios es para su bien, si esto no lo satisface, no sé si nada lo hará.

*Regla 3. Adquieran un espíritu humilde.*

El hombre humilde es el hombre contento. Si su condición es baja, su corazón será más bajo que su condición y, por lo tanto, estará contento. Si su estima en el mundo es baja, quien es pequeño a sus propios ojos no se preocupará mucho por ser pequeño a los ojos de los demás. Tiene una opinión más modesta de sí mismo que la que otros pueden tener de él. El hombre humilde estudia su propia indignidad, se considera *indigno toda misericordia* (Génesis 32:10). Entonces, un poco será suficiente para contentarse. Clama con Pablo que es el primero de los pecadores (1 Timoteo 1:15). Por lo tanto, no murmura, sino que admira. No dice que sus comodidades son pequeñas, dice que sus pecados son grandes. Piensa que es misericordia estar fuera del infierno; por lo tanto, está contento. No intenta forjar una mejor condición para sí mismo, sino que sabe que el peor castigo que Dios le da es mejor de lo que merece.

Un hombre orgulloso nunca está contento. Tiene una alta opinión de sí mismo, por lo que ante las pequeñas bendiciones es desdeñoso y ante las pequeñas cruces, impaciente. El espíritu humilde es el espíritu contento. Si su cruz es ligera, la cuenta entre sus misericordias. Si es pesada, la carga de rodillas, sabiendo que cuando su situación empeora, es para mejorarlo. Donde la humildad es el cimiento, el contentamiento será el edificio.

*Regla 4. Mantengan la conciencia tranquila.*

El contentamiento es el maná que se almacena en el arca de una buena conciencia. ¡Cuidado con no caer en el pecado! Es tan natural que la culpa genere descontento como que la materia podrida genere alimañas. El pecado yace como Jonás en la barca; provoca una tempestad. Si polvo o motas entran en el ojo, lo hacen lagrimear y le duelen; si el ojo está limpio, está libre de esa irritación. Si el pecado está en la conciencia, el ojo del alma, entonces el dolor y la ansiedad se generan allí. Mantén la conciencia limpia y todo irá bien. Lo que Salomón dijo de un buen estómago, puedo decirlo de una buena conciencia: *para el hombre hambriento todo lo amargo es dulce* (Proverbios 27:7). Para una buena conciencia, todo lo amargo es dulce; puede extraer contentamiento de la cruz. Una buena conciencia convierte las amargas aguas de Mara en vino. ¿Deseas un corazón tranquilo? Consigue una conciencia sonriente. No me sorprende oír a Pablo decir que estaba contento en todo momento cuando pudo lograr ese triunfo: *hasta este día yo he vivido delante de Dios con una conciencia perfectamente limpia* (Hechos 23:1). Cuando tu conciencia está tranquila, debe dejar entrar en tu corazón una abundancia de contentamiento.

Una buena conciencia puede extraer contentamiento de la droga más amarga. Ante la calumnia, *nuestra satisfacción es esta: el testimonio de nuestra conciencia* (2 Corintios 1:12). En caso de encarcelamiento, Pablo tenía sus cánticos de prisión y podía interpretar las dulces lecciones de contentamiento cuando tenía los pies en el cepo (Hechos 16:25). Agustín se refirió a esto como "el paraíso de una buena conciencia". Si es así, entonces en prisión podríamos estar en el paraíso. En tiempos turbulentos, una buena conciencia nos tranquiliza. Si tu conciencia está tranquila, ¿qué importa si los días están nublados? ¿No es un contentamiento tener un amigo siempre cerca que nos diga una buena palabra? Un amigo así es la conciencia. Una buena conciencia, como el arpa de David, ahuyenta el mal espíritu del descontento. Cuando surgen pensamientos y el corazón está ansioso, la conciencia le dice a una persona, como el rey le dijo a Nehemías: *¿Por qué está triste tu rostro?* (Nehemías 2:2). La conciencia pregunta: "¿Tienes la semilla de Dios en ti? ¿No eres heredero de la promesa? ¿No tienes un tesoro inexpugnable? ¿Por qué está triste tu semblante?".

Mantengan su conciencia tranquila y nunca les faltará contentamiento. Para un hombre, mantener la tubería de su cuerpo, es decir, las venas y las arterias, libres de obstrucciones es la mejor manera de conservar la salud. Así que mantener la conciencia tranquila y protegerla de la obstrucción de la culpa es la mejor manera de mantener el contentamiento. Primero, la conciencia es pura y luego, pacífica.

### Regla 5. Aprendan a negarse a sí mismos.

Cuiden sus afectos y deseos; refrénenlos. Hagan dos cosas: mortifiquen sus deseos y moderen sus deleites.

1. Mortifiquen sus deseos. No debemos tener el mismo temperamento que el dragón, del que dicen que tiene tanta sed que ninguna agua la saciará. Mortifiquen, pues, sus *malos deseos* (Colosenses 3:5). En griego, es su *afecto maligno*, para demostrar que nuestros deseos, cuando son desordenados, son malos. Crucifiquen sus deseos; sean como muertos. Un muerto no tiene apetito.

¿Cómo debería un cristiano martirizar sus deseos? Primero, obtengan un juicio correcto de las cosas de aquí abajo. Son cosas miserables, sin valor: ¿Acaso pondrás tus ojos *en lo que ya no está?* (Proverbios 23:5). El apetito debe ser guiado por la razón y los afectos son los pies del alma. Por lo tanto, deben seguir el juicio, no guiarlo.

Segundo, medita con seriedad y frecuencia sobre la mortalidad. La muerte pronto segará estas flores que nos deleitan y derribará la tela de esos cuerpos que tanto adornamos y embellecemos. Piensen, mientras cuentan el dinero en su cofre, quién pronto les encerrará en su ataúd.

2. Moderen sus deleites. No se apasionen por ninguna criatura (Salmo 62:10). Lo que amamos demasiado, lo lamentaremos demasiado. Raquel se enamoró demasiado de sus hijos y, al perderlos, también se perdió a sí misma. La vena de dolor que se abrió fue incontenible: *Raquel, llorando por sus hijos, se*

*negó a ser consolada.* Aquí estaba el descontento. Si dejamos que alguna criatura se acerque demasiado a nuestro corazón, cuando Dios nos quita ese consuelo, un pedazo de nuestro corazón se arranca con él. Demasiado cariño termina en desobediencia. Quienes desean contentarse con la falta de misericordias deben ser moderados en su disfrute. Cuídense de rodearse de placeres. Es mejor tener una dieta escasa que, por tener demasiado, darse un gusto excesivo.

### Regla 6. Reciban mucho del Cielo en su corazón.

Las cosas espirituales satisfacen; cuanto más Cielo hay en nosotros, menos nos contentará la tierra. Quienes han probado el amor de Dios sacian su sed de las cosas terrenales (Salmo 63:5). Los gozos del Espíritu de Dios llenan y alegran el corazón. Quienes poseen esto, el Cielo comenzó en ellos (Romanos 14:17); ¿no nos contentaremos con estar en el Cielo? Consigan un corazón sublime; *buscad las cosas de arriba* (Colosenses 3:1). Vuelen alto en sus afectos. Sed de las gracias y el consuelo del Espíritu. El águila que vuela por los aires no teme la picadura de la serpiente. La serpiente se arrastra sobre su vientre y solo pica a las criaturas que caminan sobre la tierra.

El descontento es una serpiente que solo puede picar un corazón terrenal. Un alma celestial, que con el águila vuela alto, encuentra en Dios suficiente para darle contentamiento y no se deja abrumar por las preocupaciones y el descontento del mundo.

### Regla 7. No se fijen tanto en el lado oscuro de su condición, sino en el lado luminoso.

Dios varía Sus providencias, blancas y negras, como la columna de nube tenía su lado luminoso y su lado oscuro. Mira el lado luminoso de la condición; ¿quién mira el reverso de un paisaje? Supón que te demandan; ahí está el lado oscuro. Sin embargo, te queda algo de tierra; ahí está el lado luminoso. Tienes enfermedad en tu cuerpo; ahí está el lado oscuro. Pero tienes gracia en tu alma; ahí está el lado luminoso. Has perdido un hijo; ahí está el lado oscuro. Tu esposo vive; ahí está el lado luminoso. Las providencias de Dios en esta vida están representadas de diversas maneras por esos caballos moteados entre los mirtos que eran rojos y blancos (Zacarías 1:8). Las misericordias y las aflicciones están entrelazadas. Dios motea su obra. Uno dice: "¡Yo no tengo ese tipo de consuelo!". Pero pesen todas sus misericordias en la balanza y eso les contentará.

Si a un hombre le faltara un dedo, ¿estaría tan descontento por su pérdida que no agradecería las demás partes y articulaciones de su cuerpo? Consideren el lado positivo de su condición y entonces todo su descontento se disipará fácilmente. No reflexionen sobre sus pérdidas, reflexionen sobre sus misericordias. ¡Qué! ¿Acaso no tendrían cruz alguna? ¿Por qué alguien debería pensar en tener solo cosas buenas cuando él mismo es bueno solo en parte? Ustedes, que tienen tanta maldad dentro, ¿no tendrían maldad a su alrededor? No están completamente santificados en esta vida; ¿cómo piensan entonces estar completamente satisfechos? Nunca busquen la perfección del contentamiento hasta que haya la perfección de la gracia.

*Regla 8. Consideren en qué condición nos encontramos aquí en el mundo.*

1. Estamos en una condición militar. Somos soldados (2 Timoteo 2:3). Un soldado se contenta con cualquier cosa. Aunque no tenga su casa señorial, sus ricos muebles, su cama suave y su mesa llena, no se queja. Puede acostarse tanto en paja como en tierra. No piensa en su

alojamiento, sino en repartir el botín y en la corona que será puesta sobre su cabeza. Con esta esperanza, se contenta con correr cualquier peligro y soportar cualquier adversidad. Sería absurdo oírlo quejarse de que le faltan ciertas provisiones y no quiere quedarse tirado en el campo. Un cristiano es un militar. Pelea las batallas del Señor, es el abanderado de Cristo. Aunque soporta un destino duro y las balas vuelan por todas partes, lucha por una corona y, por lo tanto, debe estar contento.

2. Vivimos en una condición alienígena. Somos peregrinos y viajeros. Quien se encuentra en un país extraño se conforma con cualquier dieta o provisiones; se alegra por cualquier cosa. Aunque no tiene el respeto ni el servicio que busca en casa, ni puede mantener los privilegios e inmunidades de ese lugar, está contento. Sabe que al llegar a su tierra, tiene tierras que heredar, y allí recibirá honor y respeto. Así es con un hijo de Dios. Se encuentra en una condición de peregrino: *extranjero soy junto a ti, peregrino, como todos mis padres* (Salmo 39:12). Por lo tanto, cristiano, siéntete contento. Estás en el mundo, pero no eres del mundo. Naciste de Dios y eres ciudadano de la nueva Jerusalén (Hebreos 12:22), por lo tanto, aunque tengamos *hambre y sed, andamos mal vestidos, somos maltratados y no tenemos dónde vivir* (1 Corintios 4:11), debemos contentarnos. Será mejor cuando lleguemos a nuestra tierra.

3. Vivimos en la pobreza. Somos pobres mendigos. Pedimos limosna a las puertas del Cielo: *Danos hoy el pan nuestro de cada día* (Mateo 6:11). Vivimos de la caridad de Dios; por lo tanto, debemos contentarnos con cualquier cosa. Un mendigo no debe elegir a la ligera, se contenta con lo que no necesita. Oh, ustedes que son mendigos y se

alimentan de la limosna de la providencia de Dios, ¿por qué se quejan?

*Regla 9. No dejen que su esperanza dependa de estas cosas externas.*

No se apoyen en pilares de arena. A menudo construimos nuestra comodidad en un amigo o en una propiedad, y cuando ese apoyo desaparece, todo nuestro gozo desaparece y nuestros corazones comienzan a desfallecer o a angustiarse. Un cojo se apoya en sus muletas, y si se rompen, está perdido. No dejen que su contentamiento dependa de muletas, que pronto pueden fallar; la base del contentamiento debe estar en su corazón. La palabra griega que se usa para contentamiento significa autosuficiencia. Un cristiano tiene en su interior lo que puede sostenerlo: la fuerza de la fe y la buena esperanza mediante la gracia que sostiene su corazón en la escasez de consuelos externos.

Cuando sus propiedades se acabaron, los filósofos de antaño podían contentarse con los bienes de la mente, el conocimiento y la virtud. ¿No debería un creyente encontrar mucho más contentamiento en las gracias del Espíritu, ese rico esmalte y bordado del alma? Díganse a ustedes mismos: "Si los amigos me abandonan, si las riquezas se van, aún conservo en mi interior aquello que me reconforta, un tesoro celestial. Cuando se marchitan las flores de mi patrimonio, aún queda la savia del contentamiento en la raíz de mi corazón. Sigo interesado en Dios y ese interés es inquebrantable". ¡Oh, nunca pongan su felicidad en estas cosas aburridas y miserables de aquí abajo!

*Regla 10. Comparen su condición a menudo.*

Necesitamos comparar nuestra condición de cinco maneras:

Comparación 1. Necesitamos comparar nuestra condición con lo que merecemos. Si no tenemos lo que deseamos, aún tenemos más de lo que merecemos. Por nuestras misericordias, merecemos menos; por nuestras aflicciones, merecemos más. Primero, en cuanto a nuestras misericordias, merecemos menos. ¿Qué podemos merecer? ¿Puede el hombre ser útil al Todopoderoso? Vivimos de la gracia gratuita. Alejandro le dio un gran regalo a uno de sus súbditos. Agradándole mucho el regalo, el hombre dijo: "Esto es más de lo que merezco". "No te doy esto", dijo el rey, "porque lo merezcas, sino que te doy un regalo como Alejandro". Todo lo que tenemos no es mérito, sino abundancia; el más mínimo trozo de pan es más de lo que Dios nos debe. Podemos echar leña a nuestro propio fuego, pero ni una sola flor a la guirnalda de nuestra salvación. El que menos misericordia tenga, morirá en deuda con Dios.

Segundo, en cuanto a nuestras aflicciones, merecemos más: … *puesto que tú, nuestro Dios, nos has pagado menos de lo que nuestras iniquidades merecen* (Esdras 9:13). ¿Es triste nuestra condición? La merecemos. Debería ser peor. ¿Nos ha quitado Dios nuestros bienes? Podría habernos quitado a Cristo. ¿Nos ha echado en la cárcel? Podría habernos arrojado al infierno. Podría condenarnos antes que azotarnos; esto debería darnos satisfacción.

Comparación 2. Comparar nuestra condición con la de los demás nos dará contentamiento. Observamos a quienes están por encima de nosotros, observemos a quienes están por debajo. Podemos ver a uno con sus sedas, a otro con su cilicio. A uno le escurren las aguas de una copa llena, a otro le vierten lágrimas. ¡Cuántos rostros pálidos vemos consumidos no por la enfermedad, sino por la pobreza! Piensen en esto y conténtense. Peor les va a quienes quizás merecen más que nosotros y gozan de mayor favor de Dios. ¿Estoy en la cárcel? ¿No estaba Daniel en un lugar peor? Estaba en el foso de los leones. ¿Vivo en una cabaña precaria? Mira a quienes están desterrados de sus casas. Leemos sobre los primeros santos: anduvieron de aquí para allá cubiertos con pieles de ovejas y de cabras; destituidos, afligidos, maltratados (de los cuales el mundo no era digno) (Hebreos 11:37). ¿Tienes un poco de fiebre? Observa a aquellos que sufren enfermedades mucho peores.

Otros hijos de Dios han padecido mayores aflicciones y las han soportado mejor que nosotros. Daniel comía frijoles y bebía agua, pero era más hermoso que quienes comían de la porción del rey (Daniel 1:15). Algunos cristianos que han estado en una condición inferior, que solo han comido frijoles y agua, se han visto mejor y han estado más pacientes y contentos que nosotros, que disfrutamos de la abundancia. ¿Se regocijan otros en la aflicción, pero nosotros nos quejamos? ¿Pueden ellos tomar su cruz y soportarla con alegría, pero nosotros murmuramos bajo una cruz más ligera?

Comparación 3. Comparen su condición con la de Cristo en la tierra. ¡Qué condición tan pobre y común le agradó estar por nosotros! Él se contentaba con todo. *Porque conocéis la gracia de nuestro Señor Jesucristo, que siendo rico, sin embargo por amor a vosotros se hizo pobre* (2 Corintios 8:9). Pudo haber traído una casa del Cielo o desafiado las alturas de la tierra, pero se contentó con estar en el lagar para que nosotros estuviéramos en la bodega del vino y vivir pobre para que fuéramos ricos. El pesebre fue Su cuna, las telarañas Su dosel. Aquel que ahora nos prepara mansiones en el Cielo no tenía ninguna para Sí en la tierra: *El Hijo del Hombre no tiene dónde recostar la cabeza* (Mateo 8:20). Cristo vino en forma de mendigo: *Cristo Jesús, el cual, aunque existía en forma de Dios... se despojó a sí mismo tomando forma de siervo* (Filipenses 2:5-7). No leemos que tuviera sumas de dinero; cuando necesitaba dinero, se complacía en obrar un milagro para conseguirlo (Mateo 17:27).

Jesucristo se encontraba en una condición humilde. Nunca estuvo en una posición alta, excepto cuando fue levantado en la cruz, y esa fue Su humildad. Se conformó con vivir pobre y morir maldecido. ¡Oh, compara tu condición con la de Cristo!

Comparación 4. Si comparamos nuestra condición con la de antes, esto nos dará contentamiento.

Primero, comparemos nuestro estado espiritual con la de antes. ¿Qué éramos cuando yacíamos en nuestra sangre? Éramos herederos del infierno, sin derecho a arrancar una sola hoja del árbol de la promesa; era una condición sin Cristo y sin esperanza (Efesios 2:12). Pero ahora Dios ha cortado el infierno y la condenación que conllevaban. Él los ha sacado del olivo silvestre de la naturaleza y los ha injertado en Cristo, convirtiéndolos en ramas vivas de esa Vid viva. Él no solo ha hecho brillar la luz sobre ustedes, sino también en ustedes (2 Corintios 4:6), y les ha dado un derecho a todos los privilegios de la filiación. ¿Acaso esto no es suficiente para dar satisfacción al alma?

Segundo, comparemos nuestro estado terrenal con el de antes. No teníamos nada al salir del vientre materno: *Porque nada hemos traído al mundo* (1 Timoteo 6:7). Si no tenemos lo que deseamos, aún tenemos más de lo que trajimos; no trajimos nada más que pecado. Otras criaturas traen algo consigo al mundo; el cordero trae lana y el gusano de seda trae seda, pero nosotros no trajimos nada. ¿Qué importa si nuestra condición actual es pobre? Es mejor que antes; por lo tanto, ya que tenemos alimento y ropa, estemos contentos. Lo que tengamos, la providencia de Dios nos lo trae, y si lo perdemos todo, seguiremos teniendo lo que trajimos. Esto fue lo que hizo feliz a Job: *Desnudo salí del vientre de mi madre* (Job 1:21). Era como si hubiera dicho: "Aunque Dios me lo ha quitado todo, ¿por qué he de murmurar? Soy tan rico como cuando vine al mundo. Me queda lo mismo que traje. Vine aquí desnudo; por tanto, bendito sea el nombre del Señor".

Comparación 5. Necesitamos comparar nuestra condición con lo que será pronto. Pronto llegará el día en que, si tuviéramos todas las riquezas de la India, de nada nos servirían. Moriremos sin llevarnos nada. El apóstol dijo: ...*nada podemos sacar de él* (1 Timoteo 6:7); por lo tanto, continúa, *si tenemos qué comer y con qué cubrirnos, con eso estaremos contentos* (1 Timoteo 6:8). "Abre la tumba del rico y mira lo que hay allí; quizá encuentres los huesos del avaro, pero no sus riquezas", dice Beda[23].

Si viviéramos para siempre aquí o si pudiéramos llevar nuestras riquezas al otro mundo, sin duda nos sentiríamos descontentos al ver nuestras bolsas vacías. Pero no es así. Dios pronto podría sentenciarnos a muerte para aprehendernos, y cuando muramos, no podremos llevarnos nuestra posición ni nuestras posesiones. El honor y las riquezas no descienden a la tumba. ¿Por qué, entonces, nos preocupa nuestra condición externa? ¿Por qué nos disfrazamos de descontento? ¡Acumulen gracia! Sean ricos en fe y buenas obras; estas riquezas nos seguirán (Apocalipsis 14:13). La gracia es la única moneda que será aceptada en el Cielo; ni la plata ni el oro irán allí. Esfuércense por ser ricos para Dios. No se llenen de codicia por otras cosas; no llevaremos nada con nosotros.

*Regla 11. No traigan su condición a su mente, sino que traigan su mente a su condición.*

La manera de que un cristiano esté contento no es aumentando sus bienes, sino abatiendo su espíritu; no ensanchando sus graneros, sino estrechando su corazón. Uno no se contentará con todo un señorío o una finca; otro se conforma con unas pocas

---

[23] Beda el Venerable (c. 673-735) fue un monje, autor y erudito inglés conocido especialmente por su *Historia eclesiástica del pueblo inglés*.

hectáreas de tierra. ¿Cuál es la diferencia? Uno desea satisfacer su curiosidad, el otro se conforma con lo necesario; uno piensa en lo que puede tener, el otro en lo que le sobra.

### Regla 12. Estudien la vanidad y el vacío de la criatura.

No importa si tenemos menos o más de estas cosas; la vanidad está escrita en su cubierta. El mundo es como una sombra que declina: es encantador pero engañoso. Promete más de lo que encontramos y nos falla cuando más lo necesitamos. Todo el mundo cambia y solo es constante en sus decepciones. Entonces, ¿qué importa si tenemos menos de aquello que es, en el mejor de los casos, voluble y fluido? El mundo está tan lleno de mutaciones como el movimiento; ¡qué importa si Dios nos acorta en las cosas mundanas! Cuanto más se relaciona una persona con el mundo, más se relaciona con la vanidad.

El mundo puede compararse con el hielo, que es liso pero resbaladizo, o con los templos egipcios, que por fuera son muy hermosos y suntuosos, pero por dentro no se ve nada más que la imagen de un simio. En cuanto a la satisfacción, toda criatura dice: "No está en mí". El mundo no es un consuelo que llena, sino un consuelo fugaz. Es como un partido de tenis: la providencia lanza sus pelotas de oro, primero a uno, luego a otro. ¿Por qué nos descontentamos con la pérdida de estas cosas? Es porque esperamos de ellas lo que no está y depositamos en ellas lo que no deberíamos. *Jonás se alegró grandemente por la planta* (Jonás 4:6). ¡Qué cosa más vana! ¿Es extraordinario ver cómo golpean una calabaza marchita o ver a la luna revestirse de una nueva forma?

### Regla 13. Regulen su imaginación.

Son el deseo y la imaginación los que elevan el precio de las cosas por encima de su valor real. ¿Por qué un tulipán vale cinco dólares y otro quizás ni un centavo? El deseo eleva el precio; la diferencia es más imaginaria que real. ¿Por qué debería ser mejor tener miles que cientos? Porque así lo imaginamos. Si pudiéramos imaginar una condición inferior mejor, con menos preocupaciones y menos responsabilidades, sería mucho más probable que la eligiéramos. El agua que brota de la roca sabe tan dulce como si surgiera de un cáliz de oro; las cosas son como las imaginamos.

Desde la caída, nuestro deseo está enfermo; Dios vio que *toda intención de los pensamientos de su corazón era solo hacer siempre el mal* (Génesis 6:5). El deseo mira a través de lentes falsos; oren para que Dios santifique sus deseos. Una condición inferior sería suficiente si la mente y los deseos estuvieran bien encaminados. Diógenes prefería su vida cínica a la realeza de Alejandro: prefería su pequeño claustro[24]. Fabricio, un hombre pobre, despreciaba el oro del rey Pirro[25]. Si pudiéramos curar los deseos enfermizos, pronto podríamos conquistar un corazón descontento.

*Regla 14. Consideren lo poco que se necesita para satisfacer nuestras necesidades físicas.*

El cuerpo es solo un pequeño continente y se repone fácilmente. Cristo nos enseñó a orar por nuestro pan de cada día; la naturaleza se contenta con poco. No tener sed ni morir de hambre es suficiente, dijo Gregorio Nacianceno. Jerónimo dijo que la comida y la bebida son la riqueza del cristiano, y el apóstol dijo: *Y si tenemos qué comer y con qué cubrirnos, con eso estaremos contentos.*

---

24  Diógenes fue uno de los fundadores del cinismo en la antigua Grecia. Cuando se encontró con Alejandro, no buscó su aprobación, sino que lo insultó.
25  Fabricio fue un estadista romano que impresionó a Pirro, un rey griego, al negarse a aceptar un soborno.

El estómago se llena más pronto que la vista; ¡cuán pronto nos contentaríamos si nos propusiéramos saciar nuestra hambre en lugar de nuestros caprichos!

### Regla 15. Crean que la condición actual es lo mejor para nosotros.

La carne y la sangre no son jueces competentes. Los estómagos repletos son para banquetes, pero quien cuida su salud encuentra mejor la comida saludable. Los vanidosos se imaginan mejor tal o cual condición y prosperarían en esa situación, mientras que los cristianos sabios tienen su voluntad fundida con la de Dios y creen que es mejor estar donde Él decide. Dios es sabio: sabe si necesitamos comida o medicina; si pudiéramos acceder a la providencia, la disputa pronto terminaría. ¡Oh, qué extraña criatura sería el hombre si fuera lo que quisiera ser! Confórmense con lo que Dios les provee.

Dios sabe cuál es el mejor pasto para Sus ovejas; a veces, un terreno más árido prospera, pero un pasto exuberante puede pudrirse. ¿Tengo esa clase de cruz? Dios me muestra cómo es el mundo; no tiene mejor manera de destetarme que enviándome con una madrastra. ¿Acaso Dios limita mi ración? Ahora me está poniendo a dieta. ¿Tengo pérdidas? Es para que Dios no me pierda. Cada viento cruzado, al final, me llevará al puerto correcto. Si creemos que la condición que Dios nos ha dado es la mejor, nos someteremos con alegría y diremos: *Las cuerdas cayeron para mí en lugares agradables* (Salmo 16:6).

### Regla 16. No se entreguen demasiado a la carne.

En el bautismo hicimos juramento de abandonar la carne. La carne es peor enemiga que el diablo; se engaña a sí misma. Un enemigo interior es lo peor. Si no hubiera diablo para tentarnos, la carne sería otra Eva para tentarnos con el fruto prohibido. ¡No se dejen llevar por ella! Todo nuestro descontento proviene de la carne. La carne nos impulsa a la búsqueda desmedida del mundo; aconseja comodidad y abundancia, y si no se satisface, comienza a surgir el descontento. ¡No le dejen tomar las riendas! ¡Martiricen la carne! En lo espiritual, la carne es perezosa; en lo secular, es una anguila que grita: *Dad, dad*. La carne es enemiga del sufrimiento. Prefiere convertir a un hombre en un cortesano que en un mártir. ¡Oh, manténganla bajo control! Pongan su cuello bajo el yugo de Cristo; estírenlo y clávenlo a Su cruz. Cristianos, nunca busquen contentamiento en su espíritu hasta que haya confinamiento en su carne.

*Regla 17. Mediten a menudo en la gloria que será revelada.*

Hay grandes cosas guardadas en el Cielo. Aunque el tiempo presente sea triste, estemos contentos de que pronto será mejor. Dentro de poco, estaremos con Cristo, sumergiéndonos en la fuente del amor. Nunca más nos quejaremos de necesidades y agravios. Nuestra cruz puede ser pesada, pero un vistazo a Cristo nos hará olvidar todas nuestras penas pasadas. Dos cosas deberían darnos contentamiento:

1. Dios nos hará capaces de soportar nuestras dificultades (1 Corintios 10:13). Crisóstomo dijo que Dios, como un tocador de laúd, no dejará que las cuerdas de Su laúd se aflojen demasiado para que no estropeen la música de la oración y el arrepentimiento, ni dará demasiada adversidad: *Porque no contenderé para siempre, ni estaré siempre enojado, pues el espíritu desfallecería ante mí, y el aliento de los que yo he creado* (Isaías 57:16).

2. Después de haber *sufrido un poco de tiempo*, seremos perfeccionados en gloria (1 Pedro 5:10). La cruz será la

escalera por la que subiremos al Cielo. Conténtense; el panorama cambiará. Dentro de poco, Dios convertirá nuestra agua en vino. La esperanza de esto basta para alejar todo desorden del corazón. Bendito sea Dios, será mejor. *Porque no tenemos aquí una ciudad permanente* (Hebreos 13:14); por lo tanto, nuestras aflicciones no pueden continuar. El sabio mira siempre al fin: el fin del justo es la paz (Salmo 37:37). Creo que la suavidad del fin compensa lo duro del camino. ¡Eternidad, eternidad! Piensen a menudo en el reino preparado para nosotros. David ascendió del campo al trono. Primero sostuvo su cayado de pastor y, poco después, el cetro real. El pueblo de Dios puede ser sometido a duros trabajos aquí, pero Dios los ha elegido para ser reyes, para sentarse en el trono con el Señor Jesús. Esto, pesado en la balanza de la fe, sería un excelente medio para llevar el corazón al contentamiento.

*Regla 18. Oren con frecuencia.*

La última regla para el contentamiento es dedicar mucho tiempo a la oración. Rueguen a Dios que obre nuestros corazones hasta alcanzar este bendito estado. *¿Sufre alguno entre vosotros? Que haga oración* (Santiago 5:13). Entonces, ¿hay alguien descontento? Que ore. La oración da alivio. La apertura de una vena deja salir la sangre mala; cuando el corazón está lleno de tristeza y ansiedad, la oración libera esa sangre mala. La clave de una oración untada con lágrimas libera el corazón de todo su descontento. La oración es un conjuro sagrado para alejar los problemas. La oración es el desahogo del alma, la descarga de todas nuestras preocupaciones en el pecho de Dios, y esto da paso a un dulce contentamiento. Cuando nuestro espíritu está agobiado, encontramos nuestro corazón aliviado y tranquilo al abrir nuestra mente a un amigo. No son nuestras firmes resoluciones, sino nuestras firmes peticiones a Dios, las que dan alivio al corazón en medio de la angustia. Por la oración, la fuerza de Cristo entra en el alma, y donde esto está, somos capaces de superar cualquier condición.

Pablo podía estar contento en cualquier situación, pero para que no piensen que era capaz de hacerlo solo, les dice que, aunque podía estar en necesidad, tener abundancia *para hacerlo todo*, era por medio de Cristo que lo fortalecía (Filipenses 4:13). Es el niño quien escribe, pero es el maestro quien guía su mano. Pablo llegó a la tarea más difícil de la religión: el contentamiento, pero el Espíritu era su guía y Cristo su fuerza, y esta fuerza fue introducida por la santa oración. La oración es un orador poderoso. La oración es un orador con Dios y un exorcista contra el pecado. La mejor manera es orar para calmar el descontento. Lo que Lutero dijo de la lujuria, puedo decirlo del descontento: la oración es una sanguijuela sagrada para succionar el veneno y la hinchazón de esta pasión. La oración compone el corazón y lo afina. ¿Les ha privado Dios de muchos consuelos? Bendigan a Dios porque les ha dejado el Espíritu de oración.

*Capítulo 13*

# El consuelo del cristiano contento

La última motivación para el contentamiento es un consuelo, una palabra de aliento para el cristiano contento. Si hay un cielo en la tierra, lo tiene. ¡Oh, Cristiano! Puedes insultar tus problemas y, como un leviatán, reírte *del blandir de la jabalina* (Job 41:29). Eres la corona de tu profesión. Exhibes a todo el mundo que hay suficiente virtud en la religión para dar contentamiento al alma. Muestras la gracia suprema. Cuando la gracia corona, no es tan difícil para nosotros estar contentos, pero cuando la gracia es contraria y se enfrenta a cruces, tentaciones y agonías, estar contento es algo verdaderamente glorioso.

A un cristiano contento, le diré dos cosas como despedida:

1. Dios se complace enormemente con tal actitud de corazón. Dios dice de un cristiano contento, como dijo David una vez de la espada de Goliat: *Como esa no hay otra; dámela* (1 Samuel 21:9). Si quieres agradar a Dios y ser un pueblo de Su corazón, conténtate. Dios aborrece el espíritu desobediente.

2. El cristiano contento no perderá. ¿Qué perdió Job por su paciencia? Dios le dio el doble de lo que tenía antes. ¿Qué

perdió Abraham por su contentamiento? Se conformó con dejar su país al llamado de Dios. El Señor hizo un pacto con él: Él sería Su Dios. Cambió su nombre. Ya no era Abram, sino Abraham, *padre de multitud de naciones* (Génesis 17:5). Dios hizo de su descendencia como las estrellas del cielo y lo honró con este título: "padre de los fieles". El Señor le reveló Sus secretos: ¿Ocultaré a Abraham lo que voy a hacer? (Génesis 18:17). Dios le otorgó una rica herencia, esa tierra que era un símbolo del cielo, y luego lo condujo al bendito paraíso. Dios sin duda recompensará al cristiano satisfecho.

Como nuestro Salvador le dijo a Natanael en otra ocasión: ¿Porque te dije que te vi debajo de la higuera, crees? (Juan 1:50). Así que pregunto, oh, cristiano, ¿te conformas con poco? Verás cosas mayores que estas. Dios destilará las dulces influencias de Su amor en tu alma. Él te dará amigos. Bendecirá el aceite en la botella, y cuando eso suceda, te coronará con un gozo eterno de Sí mismo. Él te dará el Cielo, donde tendrás tanta satisfacción como tu alma pueda anhelar.

# Thomas Watson – Breve biografía

Thomas Watson (c. 1620-1686) fue un pastor y escritor puritano inconformista inglés. Obtuvo su licenciatura y maestría en Artes en el Emmanuel College de Cambridge. En 1646, Watson trabajó en la iglesia de San Esteban Walbrook en Londres, donde permaneció durante los siguientes dieciséis años.

Thomas se casó con Abigail Beadle alrededor de 1647 y tuvieron al menos siete hijos, aunque cuatro de ellos murieron a temprana edad. Durante la Guerra Civil Inglesa (1642-1649), Watson se inclinó por las ideas presbiterianas y se unió a los presbiterianos en la oposición a la muerte del rey Carlos I. Watson fue encarcelado en 1651 por su participación en una conspiración para el regreso de Carlos II.

En 1652, Watson fue liberado de prisión y regresó a sus funciones en la iglesia de San Esteban Walbrook. Tras la aprobación de la Ley de Uniformidad en 1662, Watson, inconformista, ya no pudo predicar allí, aunque continuó predicando en privado cuando le era posible. Tras la aprobación de la Declaración de Indulgencia en 1672, Thomas Watson obtuvo una licencia para predicar en Crosby Hall, Londres. Continuó predicando allí hasta que su salud comenzó a deteriorarse. Luego se retiró a Barnston, Essex, donde murió en 1686 mientras rezaba.

Entre los escritos notables de Thomas Watson se encuentran *La imagen del hombre piadoso*[26], *Los diez mandamientos, El Cielo tomado por asalto*[27]*, La doctrina del arrepentimiento, Las Bienaventuranzas, El Padrenuestro y El cuerpo de la Divinidad.*

Thomas Watson vivió para Dios y encajó con su propia definición de un verdadero cristiano. Watson escribió: "Un verdadero cristiano lleva a Cristo en su corazón y la cruz sobre sus hombros". Watson tuvo sus dificultades y tristezas, pero siguió siendo un buen soldado de Jesucristo. Creía lo que predicaba y escribía, y vivía lo que creía.

*"Pronto la batalla terminará. No pasará mucho tiempo antes de que llegue el día en que Satanás ya no nos moleste. No habrá más engaño, tentación, acusación ni confrontación. Nuestra guerra terminará y nuestro comandante, Jesucristo, nos llamará del campo de batalla para recibir la corona de la victoria".* – Thomas Watson

---

26 N. de T.: traducción libre. Sin versión en español. Título original: *The Godly Man's Picture*.

27 N. de T.: traducción libre. Sin versión en español. Título original: *Heaven Taken by Storm*.

También Por Aneko Press

*Jesús Vino Para Salvar a los Pecadores,*
por Charles H. Spurgeon

Jesús vino a salvar a Pecadores es una conversación de corazón a corazón con el lector. A través de sus páginas, se examina y se trata debidamente cada excusa, cada razón y cada obstáculo para no aceptar a Cristo. Si crees que eres demasiado malo, o si tal vez eres realmente malo y pecas abiertamente o a puerta cerrada, descubrirás que la vida en Cristo también es para ti. Puedes rechazar el mensaje de salvación por la fe, o puedes elegir vivir una vida de pecado después de decir que profesas la fe en Cristo, pero no puedes cambiar la verdad de Dios tal como es, ni para ti ni para los demás. Este libro te lleva al punto de decisión, te corresponde a ti y a tu familia abrazar la verdad, reclamarla como propia y ser genuinamente liberado para ahora y para la eternidad. Ven, y abraza este regalo gratuito de Dios, y vive una vida victoriosa para Él.

*Disponible donde se venden libros*

*La Vida Vencedora,*
por Dwight L. Moody

¿Eres de los que vencen? ¿O hay pequeños pecados que te acosan y te derrotan? O peor, ¿fallas en tu anduviera cristiano porque te niegas a admitirlos y ocuparte de ellos? Ningún cristiano puede darse el lujo de desoír el llamado a vencer. El costo terrenal es menor. Pero la recompensa eterna es inconmensurable.

*Disponible donde se venden libros*

*Cómo Estudiar la Biblia,*
por Dwight L. Moody

No hay ninguna circunstancia en la vida para la que no puedas encontrar alguna palabra de consuelo en las Escrituras. Si estás en aflicción, si estás en adversidad y prueba, hay una promesa para ti. En la alegría y en la tristeza, en la salud y en la enfermedad, en la pobreza y en la riqueza, en toda condición de la vida, Dios tiene una promesa guardada en Su Palabra para ti.

*Disponible donde se venden libros*

*Fieles a Cristo,*
por Charles H. Spurgeon

**Si hay una fe verdadera, debe haber una declaración de ella.** Si eres una vela, y Dios te ha encendido, *entonces así brille tu luz delante de los hombres, para que vean tus buenas obras y glorifiquen a tu Padre que está en los cielos* (Mateo 5:16). Los soldados de Cristo deben, como los soldados de nuestra nación, usar sus uniformes; y si se avergüenzan de sus uniformes, deberían ser expulsados del ejército.

Creo que muchos cristianos se meten en muchos problemas por no ser honestos en sus convicciones. Por ejemplo, si una persona va a un taller, o un soldado a un cuartel, y si no enarbola su bandera desde el principio, le resultará muy difícil izarla después. Pero si inmediatamente y con valentía les hace saber: "Soy Cristiano, y hay ciertas cosas que no puedo hacer para agradaros, y otras que no puedo evitar hacer aunque puedan desagradaros", cuando eso es claramente comprendido, después de un tiempo la peculiaridad de la cosa desaparecerá y la persona quedará en paz.

*Disponible donde se venden libros*

www.ingramcontent.com/pod-product-compliance
Lightning Source LLC
Chambersburg PA
CBHW070144080526
44586CB00015B/1835